# 쓰면서 사랑하게 된 날들

아이와 내 삶의 레시피

# 쓰면서 사랑하게 된 날들

## 아이와 내 삶의 레시피

춤추는바람 지음

르빔 Rebibim

서윤이에게

프롤로그

## 거북이라도 괜찮아

딸아이가 학교에서 글짓기를 하나 해 왔다. 아이는 나를 '거북이'라며 이렇게 설명했다.

"엄마는 아주아주 느리거든요. 엄마는 아주아주 수영을 잘하거든요."

거북이라니. '토끼와 거북이'에서 느릿느릿 걷는 그 거북이? 발 빠르고 잔꾀 많은 토끼에게 놀림을 당하는 그 거북이? 자주 종종거리고 해야 할 일은 되도록 빨리 끝마치려는 나의 성정은 토끼에 가까운데. 아니었나, 내게도 거북이 같은 면이 있었나.

대학 시절 2년간 휴학을 했던 나는 동기들보다 취업이 늦었다. 결혼과 출산도 남들보다 한참 뒤에 했고 십 년간의 회사 생활을 접고 가게를 하다, 2년 전부터 프리랜서로 번역 일을 시작했다. 마흔 중반을 넘어선 지금, 나는 여전히 초보다. 선택의 기로, 변화의 시점마다 남들과 다르거나 뒤처졌다는 생각에 불안했다. 거북이와의 경주에서 자다 깬 토끼처럼 헐레벌떡 정신없이 달리기도 했다. 한 길을 우직하게 파고들기보다 관심 가는 데로 기웃거리느라 깊이라는 것도 만들지 못했는데. 이상하다. 나도 내가 점점 거북이 같다.

 토끼처럼 산 것 같았는데 결승점이 가까워지기는커녕 갈 길이 멀다. 내 삶은 거북이걸음 중인가 보다. 이제는 남들과 다르고 늦었다는 게 불안하기보다 가야 할 길이 많이 남은 것 같아 좋다. 멀다는 건 시도할 기회가 많다는 의미로, 그만큼 배우고 경험할 일이 풍부하다는 가능성으로 다가온다. 다른 이와 경쟁하겠다는 마음이 없으니 서두를 필요 없고 내게 맞는 속도로 꾸준히만 가면 된다고 생각한다. 묵묵히 나의 속도로 마지막까지 걷고 싶은 길이 생겼기 때문이다. 그건 바로 글쓰기. 빨리 갈 수 없고 더디게 시간을 들여야 간신히 다가갈 수 있는 길, 그 여정으로 접어드는 사이 거북이의 마음 같은 게 자랐다.


 오랜 꿈이었던 작은 가게를 닫고 인생에 남은 게 아무것도 없다는 허탈함으로 매일 글을 쓰기 시작했다. 육아의 고됨으로 나를 잃어가던 때라 더 간절했다. 글을 쓰면서 슬프고 우울하고 절망하다 분노가 일던 나의 진심을 들여다볼 수 있었다. 표면적인 사건, 말과 행동을 글로 적다 보면 삼켜버렸던 말과 숨겼던 표정이 뒤늦게 떠올랐다. 알아채려 하지 않았다면 모르는 채 덮어두고 말았을 감정과 상처를 스스로 보듬고 살펴줄 수 있었다. 부끄러워 지우고 싶었던 상처가 나만이 가진 결이 될 수 있다는 걸 서서히 알게 되었다. 실패라고 생각했던 나의 삶이 배우려는 시도로 열심이었던 삶으로 다르게 쓰일 수 있음을 깨달았다.

잠자코 시간을 들여 글로 삶을 정리하다 보면, 괜찮다고 했지만 상처받은 마음이 떠오르고 아무렇지 않은 줄 알았는데 말할 수 없이 기쁘거나 슬픈 심경이 되살아났다. 고독하게 종이 한 장을 마주하는 고요의 시간을 지나야 만날 수 있는 감정들. 순간에는 온전히 알 수 없었던 감정이 형광등 켜지듯 깜빡깜빡, 더듬거리는 시간을 지나 그 민낯을 드러내었다.

글을 쓰게 되면서 생활이 드라마틱하게 바뀐 건 아니다. 표면적인 변화도 없진 않지만, 보이지 않는 곳에서 은은하게 달라진 톤과 결이 내겐 더 크게 느껴진다. 삶의 속도가 느려졌고 시선의 각도가 미세하게 틀어졌다. 서두르고 재촉하려는 마음이 들면 일부러 호흡을 가다듬는다. 책상 위 달력에 새로운 일정을 추가할 때마다 한 번 더 고민한다. 내게 없거나 멀리 있는 것을 구하려 쫓기듯 달려 나가는 대신 이미 가지고 있는 것, 내 주변에 늘 존재하는 것을 들여다보며 거기 숨은 빛과 무늬를 찾는다.

삶에서든 길에서든 빠르게 걸으면 놓쳐버리는 게 많다. 그게 아까워 속도를 늦춰 구석구석 눈을 맞추고 사진을 찍고 메모를 한다. 가만히 멈춰 하늘을 보고 나뭇잎의 움직임을 헤아리는 일이 잦다. 앞서 걷는 이의 어깨선을 눈으로 따라 그리고, 빈 의자 위에 놓인 살구 세 알, 가지 끝에 남은 감 하나, 모과 한 알을 골똘히 바라본다. 우연히 귀에 들어온 누군가의 말을 오래도록 곱씹고 눈으로만 읽던 책을 손으로 따라 쓴다. 그럴 때 시간은 느슨해져 다른 속도로 흐른다.

글을 쓸수록 슬픔은 슬픔으로 명료해지고 기쁨은 기쁨으로 환해졌다. 무심해 보이는 삶의 표정을 섬세하게 구별하고 이름 붙여 줄 수 있었다. 엇비슷한 하루하루가 제각각의 이름표를 달고 일기장과 노트북에 차곡차곡 쌓였다. 나와 내 삶을 사랑할 수 없을 때 가장 많은 글을 썼다. 그걸 내 삶이라 부르면서 나와 삶도 사랑하게 되었다. 쓰면 쓸수록 나의 삶이, 그리고 모두의 삶이 소중해졌다.

남들이 바라보는 방향이 아니라 내 마음이 이끄는 쪽으로 기울고 있다. 내게 중요하고 소중한 것을 모으며 누군가 바라는 내가 아니라 나다운 내가 되어 간다. 글을 쓰면서 나는 비로소 내가 되는 법을 찾았다. 나로 단단해지는 법을 배운다. 걸음은 더디어지고 시선은 표면을 지나 이면을 더듬는데 그럴수록 내가 좋아진다. 시간을 들일수록 글쓰기가 소중해졌듯 삶에 넉넉하게 시간을 쏟고, 고심하며 글로 옮길수록 삶이 좋아진다.

　호주의 태즈메이니아에서 와라타라는 작은 마을에 묵은 적이 있다. 한때 금을 캐러 몰려들었던 사람들로 북적거렸던 마을은 지금은 거주민도 소수인 고즈넉한 곳이 되었다. 마을의 우체국 맞은편에 박물관이 하나 있는데 처음 이주해 정착했던 사람들부터 현재 마을을 꾸려가는 사람들의 모습까지, 물건과 사진, 기록물로 가득 차 있다. 박물관의 뒷방에는 미처 정리하지 못한 사진과 문서들이 두껍게 쌓여 있고. 낡은 가구와 옷가지, 찻잔과 접시 한 장. 값나가 보이는 물건은 하나 없는데 그 모든 게 참으로 귀하다는 생각이 들었다. 자신의 역사를 소중히 여겨 고이 간직하고자 했던 사람들의 염원이 느껴졌기 때문이다. 시간을 견딘 건 그 자체로 존엄하다는 한 소설가의 말이 떠올랐다. 누군가 의미를 부여했기 때문에 평범한 물건들에 존엄이 생겼다.

　나의 글도 그렇지 않을까. 사소한 일상의 기록이지만 내게 유일했던 순간을 간직하려는 마음으로 가치가 생긴다고. 보잘것없고 평범하지만 무언가를 발견하고자 했던 나의 시선으로 매일의 삶이 귀해졌으니. 쓰기 위해 매 순간 진심이고 싶었고 그랬던 순간을 글로 옮기며 잘 살고 있다고 느꼈다. 생(生)은 자기만의 박물관을 짓는 일 같다. 컴퓨터 속 파일과 여러 권의 노트에 담긴 글은 나만의 박물관, 내 삶의 박물관이다. 거기에 삶의 온갖 자잘하지만 소중한 순간을 수집한다. 나의 글과 그 안에 담긴 수집물도 시간을 견디며 존엄해질까. 더디더라도 우직하게 끝까지 해 보고 싶다.

처음 글을 쓸 때는 빨리 책을 내서 출간 작가가 되어야지 하는 토끼 같은 마음이 있었다. 시간이 지나 글쓰기와 가까워질수록 빨리 책을 내는 것보다 좋은 글을 쓰는 일이, 그보다 잘 사는 일이 먼저라고 생각이 바뀌었다. 좋은 글의 의미도 그랬다. 대중적으로 관심을 끄는 주제나 최신 정보로 무장한 글을 써 보려고 시도한 적도 있지만 그런 글은 내 글처럼 느껴지지 않았고 쓰는 동안 즐겁지도 않았다. 그러면 글쓰기가 싫어지고 포기하고 싶은 마음이 들었고. 그때마다 내가 즐거운 글을 쓰자, 욕심내지 말고 나다운 글을 쓰자 생각했다. 누군가가 나보다 훨씬 잘 쓸 수 있는 글 말고, 나만이 쓸 수 있는 글을 쓰자고. 지식과 교훈을 전하려 힘을 준 글보다 진솔하게 적어 누군가의 마음을 건드리는 글, 다수에게 읽히는 글 말고 소수와 깊이 교감하는 글도 괜찮다고.

글 쓰는 시간이 즐겁고, 계속 쓰는 자신이 좋아서 여기까지 올 수 있었다. 우연히 브런치스토리를 통해 출간 제의를 받은 것도, 이렇게 책으로 글을 묶어낼 수 있었던 것도, 내게 소중한 순간들을 차곡차곡 모아 놓은 덕분이었다. 때로는 더딘 걸음에 답답하고 앞이 보이지 않아 막막했지만 그럴수록 책상에 앉아 지금 쓸 수 있는 작은 글을 썼다. 쓰는 내 곁에 꾸준히 읽어 주는 몇몇이 있어 가능한 일이기도 했다. 글을 쓸 때면 나도 모르게 그들에게 이야기를 들려 주는 마음이 되었으니, 글에는 나만 담긴 게 아니라 들어 주는 이들의 마음 또한 담겼을 것이다. 그 모두가 모여 시간을 품고 자랐다. 시간이 쌓이고 기다림이 이끌어 무언가가 무르익었다.

읽고 쓰면서 고요히 머물 시간을 마련하느라 나의 움직임은 느려졌다. 하지만 더 매끄러워진 것 같다. 땅 위에서는 더디지만, 물속에서는 한없이 빠르게 헤엄쳐 나가는 거북이처럼. 느려진 대신 순간 속으로 단숨에 헤엄쳐 들어가 깊이 머문다. 읽고 쓰며 배운 것들로 나 자신과 내게 다가오는 모든 것들에 다정해지고 있다. "자기답게 사는 것 외에 성장하고 진리에 이를 수 있는 다른 길은 없다."\*는 헤세의 말을 떠올린다. 거북이 같은 나도 괜찮다고. 그런 나이기에 발견할 수 있는 삶의 진실한 모습을 적어갈 것이다. 당신도 당신이기에 쓸 수 있는 글을 꾸준히 적어가면 좋겠다. 당신답게 살며 주어진 생을 아낌없이 누리면 좋겠다.

---

\* 헤르만 헤세, 유영미 옮김, 『헤르만 헤세의 나로 존재하는 법』(뜨인돌, 2024).

쓰면서 사랑하게 된 날들

프롤로그    6

**1부**    사랑하기 위해 써 온 날들    17

반짝이는 것의 목록을 적어 봐    19

기쁨과 슬픔이 사는 곳    29

마음의 스위치 켜기    39

불협화음에도 노래할 수 있다면    49

나를 위한 요리    59

어른도 슬프게 걸을 때가 있지    71

아이가 잠든 사이 비밀을 만든다    81

시간은 흐르고 모인다    91

그것의 이름도 희망이라고    99

삶이 주는 보너스 같은 것    107

차례

## 2부 쓰면서 사랑하게 된 날들   117

아낌없이 소진하는 삶   119

복숭아와 여름   129

오늘은 엄마가 너무 좋아   141

변한다는 게 축복 같아   151

사랑하며 살고 있나 봐   161

너만의 레시피   171

비밀을 간직한다는 건   182

글 쓰는 당신을 믿어요   195

팬이 되었어요   205

내 글도 그랬으면 좋겠다   217

# 1부 사랑하기 위해 써 온 날들

반짝이는 것의
목록을 적어 봐

뜨겁게 데운 우유   좋아하는 머그잔
홍차 잎 1t스푼이나 티백   꿀 2~3t스푼
그렇게 버려 주어 고마운 마음 한 조각

휴대폰 불빛이 식탁 위의 고요를 깬다. 번역 마감에 쫓겨 아이를 친구 집에 보냈는데 커다란 종이집 앞에서 그림 그리는 아이 사진이 도착한다. 뒤이어 저녁까지 먹여 보내겠다는 메시지가 떠오른다. 빨리 일을 마쳐야 한다는 생각에 마음이 분주해지다 막막해지고 말았는데 그런 내 상황을 알고 있다는 듯 아이를 맡아주겠다는 아이 친구 엄마의 제안이다. 구겨졌던 마음이 단숨에 펴진다. '이런 이웃이 있다는 건 얼마나 큰 복이야'. 내가 내게 말을 건넨다. '서윤이 엄마는 복도 많지.' 어스름이 내리는 식탁 위로 알전구 하나 켜진 듯 시야가 환해진다.

저녁은 건너뛰고 우유를 뜨겁게 데워 홍차를 우린다. 꿀을 넣고 한 모금 넘기니 가슴에 온기가 번진다. 고단한 어깨를 누군가 살포시 안아 줄 때처럼. 뻐근한 뒷목을 이완시키고 심호

흡을 한번 하는데 문득 그 시절의 저녁이 떠오른다.

―

"겨울, 청어와 모래, 작은북과 캐스터네츠, 빗방울과 앵두와……

길을 잃을 때는
어둠 속에서도 반짝이는 것의 목록을 적는다"
장혜령, 「물결의 말」, 『발이 없는 나의 여인은 노래한다』(문학동네, 2021), 63쪽.

겨울, 청어, 모래, 작은북을 천천히 또박또박 소리 내어 말하는 사이 작고 초라한 주방은 눈 쌓인 벌판, 파도가 밀려오는 바다, 작은북을 연주했던 음악회가 되었다.
　돌이켜보니 그 순간이 빛이었다. 입으로 시를 웅얼거리며 여기에 있으면서 저기에 있는 법을 터득했을 때. 초라한 부엌에서 가장 먼 곳을 상상하며 긴 줄을 던졌을 때. 길을 잃었다고 느꼈지만 반짝이는 것의 목록을 적으며 견디었다. 책을 읽고 글을 쓰며 주문처럼 문장을 모았다. 흔들리는 나를 붙잡아 줄 문장, 미래로 던질 수 있는 닻이 되어 줄 문장들을.
　그때는 왜 그렇게 힘들었을까. 왜 모든 게 그렇게도 불가능해 보였을까. 부엌 창 앞 젖은 눈으로 서 있던 내가 낯설어 이상한데 절절했던 마음만은 만져질 것처럼 생생하다.

그런 때가 있었다. 매일 저녁 울 것 같은 얼굴로 싱크대 앞에 서 있던 시절이. 울고 싶어도 마음놓고 울 수 없었고, 울음을 터뜨리면 모든 걸 놓아버리게 될까 두려웠던 저녁이.

당시 베이킹 스튜디오를 운영하고 있었다. 크지 않은 공간이었지만 내내 서서 일하느라 힘들었다. 발바닥과 다리, 어깨와 손목의 통증이 익숙한 옷처럼 몸에 붙어 있었다. 그런데도 수입은 적었다. 세가 나가는 월초마다 조마조마한 마음으로 통장의 잔고를 확인했다. 마이너스 난 금액을 메우기 위해 남편에게 돈을 부탁할 때엔 무능하고 쓸모없는 사람이 된 기분이었다. 최선을 다해도 가게 형편은 나아지지 않았고 애를 써도 누구 하나 알아주지 않는 것 같았다.

일을 마치고 돌아오면 네 살배기 아이가 안아 달라고 보챘다. 말은 어눌한데 고집은 세지던 시기. 아이는 하루에도 몇 번씩 울음을 터뜨렸고 놀아 달라고 떼를 쓰며 앉지도 눕지도 못하게 했다. 남편이 퇴근할 때까지 아이와 놀아 주고 저녁을 준비하는 시간이 괴로웠다. 피곤한 몸을 견디려 할수록 정신은 팽팽하게 긴장으로 조여 왔고 위태롭게 외줄 위에 서 있는 기분이었다. 옴짝달싹할 수 없는 새장에 갇힌 느낌. 저녁이 싫었다.

싱크대 앞에 서서 창밖으로 지나가는 마을버스를 바라보는 게 위안이었다. 그걸 타고 종점까지 갈 수만 있다면 좋겠다고. 해야 할 일과 보살필 아이, 가족에게서 벗어나 오롯이 혼자, 잠자코 앉아 있을 수만 있다면 좋겠다고 생각했다. 마을버스 안, 한 사람이 앉을 수 있는 작은 의자, 딱 그만큼만으로 충분할 것 같았다. 그조차 불가능해 보여 숨이 막혔다. 어둠이 내리기 시작하면 삶이 이대로 끝나 버릴 것 같아 우울했다.

가게를 시작할 즈음엔 욕심이 있었다. 가게 이름을 알리고 싶었고 돈을 벌어 멀리 여행도 가고 싶었다. 그러려면 쉴 새 없이 일해야 했다. 시간과 체력, 그리고 삶을 모조리 쏟아야 가능한 일. 아이와 보내는 시간은 사치였다. 그것만 바란 건 아니었다. 하나뿐인 아이와 아기자기한 일상을 나누고 아이가 자라는 모습을 세심하게 기억해 주고 싶었다. 책을 읽고 생각을 끄적이며 혼자 앉아 있는 시간도 필요했고, 사회적 인정이나 부, 타인이 말하는 성공과는 다른 방식으로 채우고 싶은 삶도 분명히 존재했다.

새장의 창살은 내가 만든 것이기도 했다. 아이 목욕을 빠뜨리면 안 되지, 건강한 밥상을 차려야지, 집은 깨끗해야 하고, 아이를 데리고 저녁에 어떻게 나가, 동영상 같은 걸 보여 줄 순 없어, 흐트러지면 안 돼……. 해야 할 일, 하지 말아야 할 일로 머릿속이 가득했다. 그러니 문을 열고 나가 마을버스를 타 볼 용기조차 낼 수 없었고.

힘들고 지칠수록 무엇이 중요한지 자신에게 되풀이해 물

었다. 포기해도 되는 걸 찾고 반드시 지켜내고 싶은 걸 골랐다. 멀리 떠나지 않아도 괜찮고 작은 방이라도 혼자일 수 있는 시간이 있다면 충분했다. 가게에서 만나는 잘 모르는 다수에게 다정하고 친절한 사람이기보다는 아이와 남편, 나 자신에게 그런 사람이고 싶었다. 돈을 쓰는 방식이 아니라 돈을 쓰지 않는 방식으로 즐거운 삶을 꾸려 가고 싶고, 누군가에게 인정받는 내가 아니라 있는 그대로의 나로 괜찮다고 포용하고 싶었다.

그때 내가 갈망한 자유란 먼 곳으로 떠나는 게 아니었다. 마을버스를 타고 종점까지 다녀오는 정도의 자유, 그게 내게 절실한 욕망이라는 걸 받아들였다. 수많은 저녁을 무력하게 흘려보내며 알게 되었다. 타인의 눈에 비친 욕망을 좇느라 자신을 망가뜨리고 있다는 걸.

다다를 수 없는 먼 곳을 바라보느라 허덕이던 시선을 내 안으로 옮겼다. 가게를 접고 소비를 줄이는 대신 나를 위한 시간을 갖기로 했다. 멈춤이 필요했다. 잃어 봐야 자신을 지키는 법도 배울 수 있는 걸까. 과도한 욕망에 헛발을 디디고서야 내게 어울리는 욕망의 크기를 찾을 수 있었으니. 숨이 막힐 것 같은 저녁을 지나 비로소 내게 맞는 삶의 방향과 크기를 발견할 수 있었다. 마음의 빗장을 열고 나를 풀어 주는 법도 연습하면서. 누군가 알아주는 직함이나 좋은 엄마, 집안일 잘하는 아내, 그 모든 걸 인정받고 싶어 하는 욕구도 내려놓아야 할 때가 있다. 내가 바라는 진정한 나는 거기에 없다는 걸, 울음을 참으며 깨

닫기도 한다.

―

시인 메리 루플(Mary Ruefle)은 폐경기의 멈춤을 경험하고 멈춤 이후에 '보이지 않게 되는 것이야말로 세상의 가장 큰 비밀'*임을 알게 되었다고 한다. 그때 비로소 당신 자신으로 살아갈 수 있는 자유가 주어진다고. 내게는 그녀의 이야기가 욕망의 크기나 방향을 바꾸는 문제로 다가왔다. 타인의 인정을 구하는 삶에서 자신으로 온전해지는 방향, 남들이 봐 주는 커다란 것에서 자신이 알아보는 자잘한 크기로 욕망을 재설정하는 거라고.

시인은 울음 일기라는 것을 쓰던 날을 지나 '경이로운 선물'을 알아낸다. 더이상 세상이 나를 보지 않는다는 사실에 울던 날을 통과하고서야 그것이 선물임을 깨닫는다. 마침내 그는 행복한 노년은 맨발로, 우아함과 상냥한 말들을 가지고 온다고 쓴다. 반드시 어떤 과정을 거쳐야 손에 쥐게 되는 것이 있으니 삶에서 귀한 것은 고통의 시간을 지나 뒤늦게 당도하는지도 모르겠다.

때로는 가로등 하나 없는 어두운 길을 걷지만 그 길이 영원한 건 아니다. 언젠가는 다른 길이 나타나고 새로운 풍경이 펼

* 메리 루플, 박현주 옮김, 『나의 사유 재산』(카라칼, 2021).

쳐진다. 풍경이 변하지 않더라도 버틴 만큼 나는 단단해지고 어둠을 밝힐 마음의 빛 하나 키울 수 있다.

멈추고 나니 별거 아니었다는 생각이 든다. 삶이 끝장날 것 같았는데 오히려 가뿐해졌다. 맨발이지만 그 어느 때보다 즐거운 마음으로 걷고 있다. 나를 내려놓자 그만큼의 여유가 생겼고 그 자리에 세상을 바라보는 다른 시선이 깃들고 있다. 저녁 짓는 곁에서 조잘거리는 아이의 예쁨을 있는 그대로 느끼며 나를 소소하게 기쁘게 하는 말에 더 귀를 기울인다. "엄마는 어떻게 이렇게 요리를 잘해?"라는 아이의 말, 한 그릇 뚝딱 먹어 치우곤 "설거지는 내가 할게. 그냥 둬."라는 남편의 목소리가 이전과 다르게 들린다. 비로소 선물처럼, 우아하고 상냥한 말들이 내게 찾아온다.

시인이 말한 진정한 '멈춤'(menopause)에 다다른 건 아직 아닐 테지. 더 가 봐야 알겠지. 걱정 반 기대 반으로 기다린다. 홀가분하게 나 자신으로 존재하는 일, 고통의 시간을 지나 닿게 될 경이로운 선물을.

그 시절의 내가 애처롭고 고마워 오래 기억할 것 같다.
'그렇게 버티어 주어 가벼워졌어. 쓸모없는 시간이란 없는 거야.'

쓰면서 사랑하게 된 날들

# 기쁨과 슬픔이
## 사는 곳

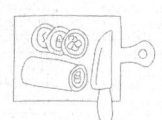

김과 흰쌀밥   치즈나 달걀
단무지   우엉   당근   저마다의 김밥 재료
언제나 맛있는 김밥 같은 일상

저녁에 김밥이 먹고 싶다는 아이 말에 마트에 들러 단무지와 우엉을 산다. 집에 있는 당근과 치즈를 넣으면 간단히 김밥을 만들 수 있을 테니까. 식빵과 몇 가지 반찬거리를 더했더니 한 손에 든 장바구니가 묵직하다. 아이는 어린이집을 다녀와 놀이터에서 놀고 난 후라 집으로 향하는 언덕길을 걷는 게 피곤한 눈치다. 다리 아프다고 칭얼거리더니 쪼르륵 앞장서 달려가 버스 정류장 앞 의자에 앉는다. 그런 딸아이를 눈으로 흘겨보다 나도 모르게 웃음이 번졌고. 손바닥을 죄어 오는 장바구니를 바닥에 내려놓고 아이 곁에 엉덩이를 붙인다. 누가 먼저 시작했을까, 잠깐 사이 우리는 '쎄쎄쎄' 놀이를 한다. "푸른 하늘 은하수, 하얀 쪽배에~" 그러느라 정류장 앞 건널목의 신호등이 바뀐 줄도 모른다. "파란불이다!" 외치고 놀라서 뛰어가면서 그 상황이 우스워 우리끼리 한참을 깔깔거린다.

  집에 도착해 쌀을 씻어 밥을 안치고, 바닥을 치우고 세탁기를 돌린다. 당근만 채 썰어 기름에 달달 볶으니 김밥 만들 준비는 끝! 도마 위에 김을 놓고 한 김 식힌 밥을 올려 살살 편다. 기다렸다는 듯 아이는 하얀 밥 위에 단무지와 우엉, 당근과 치즈를 가지런히 배열하고. 돌돌 말아 바로 자르니 곁에 있던 아이가 김밥 한 알을 재빨리 입에 넣고는 엄지손을 치켜세운다. 갓 지은 밥과 단순한 재료만으로 김밥은 언제나 맛있지. 도마 앞에 선 채로 김밥 몇 알을 더 먹은 후 남은 김밥을 접시에 가지런히 담는다. 까만 김에 새하얀 밥, 노란 단무지에 갈색 우엉, 주황색 당근에 뽀얀 치즈. 흔한 재료들이 김 안에 모여 알록달록 어여쁘다.

  아침에 남편이 회사의 복잡한 상황과 일의 어려움에 대해 흘렸던 말이 속에서 맴돌아 하루종일 기분이 가라앉았다. 듣는 사람도 답답한데 그 일을 겪는 사람의 입장은 어떨까 싶어서. 그러다 도움이 되지 못하는 내 처지가 더 갑갑하게 느껴졌더랬다. 속상함이 먼지처럼 마음에 내려앉아 종일 찜찜했는데 아이와 장 보고 사이좋게 김밥을 마는 사이 그 먼지들이 폴폴 흩어져버렸다.

―

낮에는 가을 하늘이 유난히 높고 푸르렀다. 눈앞으로 파도가 들이치듯 햇빛이 길 위에서 출렁였고. 깨끗하게 닦은 듯 시야가 맑아 매일 지나던 거리가 묘하게 아름다웠다. 세상이 투명하게 제빛을 드러내는 시기, 가을. 이름만으로 찬란한 계절. 하원 후 그냥 집으로 들어가기 아까워 아이와 근처 공원을 걸었다.

내가 하늘이 예쁘다고 감탄했더니 아이가 짐짓 어른스러운 말투로 답했다. "나도, 이런 하늘이 마음에 들더라." 아이도 기분이 들떠 오르는지 쉴 새 없이 이야기를 늘어놓았다. 아빠가 주문해 두었다는 선물이 무얼지, 자신이 갖고 싶은 건 무언지, 공원 잔디밭 주변의 공사는 다 끝났는지, 지난번 공사장에서 보았던 기계차(로더)는 어떻게 생겼는지……. 경쾌하게 흐르는 아이의 말에 감탄사를 넣어 주고 질문을 던졌다. 그러면서도 고개만은 하늘을 향해 들고 그 파란빛과 나뭇잎 사이로 비스듬히 떨어지는 햇살을 눈에 담았다.

잠시 놀이터에서 노는 사이 그네를 타다 미끄럼틀로 달려간 아이가 어느새 입을 삐죽 내밀고 내게로 왔다. 무언가 마음에 들지 않는 일이 있었는지 울상이다. 달래도 쉽게 풀어지지 않고 열어 볼 수도 없는 그 마음 앞에서 돌연히 다리에 힘이 빠졌다. 모래밭에 주저앉아 나뭇가지를 들고 꽃 하나, 집 하나, 그림을 그렸다. 어느새 맞은편에 앉은 아이가 바닥의 모래를 파고 있다. 잠자코 그걸 바라보다 고개를 드니 커다란 구름이 시시각각 모양을 바꾸며 빠르게 흐르는 모습이 보였다.

—

 김밥으로 식사 준비를 마치고 한숨을 돌리는데 낮의 일이 떠올라 창밖의 하늘로 시선을 던졌다. 하얗던 구름은 회색으로 바뀌었고, 연하게 파랗던 하늘은 남빛으로 짙어졌다. 자석에 이끌리듯 자리에서 일어나 라디오를 켜고 베란다로 나가 보았다.
 "오늘의 기쁨과 슬픔은 어디서 나왔을까요."
 DJ의 내레이션이 흘러나왔다. 중저음의 차분한 목소리에서 쓸쓸한 기운이 감돌았다. DJ는 영화 <아웃 오브 아프리카>의 주인공 카렌과 데니스의 이야기를 이어갔다. 아프리카에서 만난 두 사람은 서로 사랑했지만 온전히 삶을 나누지 못했다고. 늘 어딘가로 떠났던 데니스는 떠남을 통해 슬픔을 지우고 삶의 기쁨을 채우려 했고, 데니스의 떠남을 막을 수 없었던 카렌은 그와 함께했던 시간 속에 머묾으로 삶의 기쁨을 찾았다. 모두가 각자의 방식으로 오늘의 기쁨과 슬픔을 받아들이고 떠나보낸다는 그의 말이 친한 친구가 건네는 이야기처럼 내 귀를 파고들었다.
 그 시각 베란다의 오른쪽 모퉁이, 서쪽 하늘을 향한 창은 또 다른 색을 풀어내었다. 빌딩 숲 위로 펼쳐진 서쪽 하늘이 진한 오렌지빛으로 물들어 갔다. 진하고 선명한 오렌지빛인데 이상하게 투명했다. 깊지만 탁하지 않고 또렷한데 은은한 빛깔, 자연만이 만들어 낼 수 있는 맑은 기운의 색. 어느새 나를 좇아 신발을 신고 나온 아이가 고개를 쭉 빼고 외쳤다.

"와아!"

하늘에 어둠이 번질수록 오렌지빛은 발갛게 짙어져 갔다. 어둠이 세를 확장할수록 붉은 영역은 줄어 금세 띠처럼 가늘어졌다. 가늘어질수록 더 강렬하게 빛났다.

라디오에서 퇴근길 하늘을 보며 감사한다는 사람들의 사연이 이어졌다. 고된 하루 일을 마치고 돌아가는 길, 저녁놀을 보는 사이 하루의 피로가 그 속으로 녹아들었다고. 돌아갈 집과 가족이 있음에 감사하다고. 저녁놀을 보는 내 마음도 그랬는데, 누군가 나 대신 사연을 보내 준 것만 같았다. 누굴까, 그 사람은…….

찬란하게 빛나던 좁고 붉은 선이 지워지자 하늘은 일순간 어둠에 잠겼다. 순간은 영원히 머물지 않고 언제나 떠나버리고 만다. 가을빛에 환해지던 마음도, 아이의 울상에 울적했던 기분도 이미 다 사라진 것처럼. 순간들 그토록 생생했지만 아무도 모르게 지나가 버렸지. 기쁨이 빛처럼 들이쳤는데 어느새 슬픔이 새어 나오고. 사라진 순간들 뒤에서 나는 기쁘고 쓸쓸한 낯빛으로 서 있다. 하지만 언제고 다시 내게 올 감정을 떠올리며 슬픔 안에서도 기쁠 수 있다.

퇴근한 남편의 얼굴이 김밥을 보곤 환하게 밝아진다. 딸아이가 만들었다는 말에는 일부러 더 크게 감탄사를 쏟고. 김밥이 담긴 접시는 순식간에 비워지고 "더 없어?" 묻는 남편의 목소리에 아쉬움이 감돈다. 그런 남편을 보며 슬며시 웃는데 문득 긴 여행에서 돌아온 것 같은 기분이다. 무사히 집에 돌아왔을 때 노곤한 가운데 말개지는 마음처럼.

　남편이 일에 대해 흘렸던 말에 속이 상하고 아이와 놀이터에서 놀다 지치기도 한다. 그런데도 집으로 돌아오는 길에는 아이와 웃음을 토해내고 알콩달콩 사이좋게 김밥을 만다. 하루 사이 나를 오갔던 여러 빛깔의 마음이 '오늘'이라는 김에 단단하게 싸인다. 하얀 밥처럼 무탈한 일상이 있고 김을 닮은 너른 마음만 있다면 흔한 재료, 조금 시들고 못난 재료로도 '오늘'이라는 김밥을 완성할 수 있다. 단무지처럼 맛의 균형을 잡고 당근처럼 포인트를 넣어줄 재료 한두 개를 더할 수 있다면 조금 더 좋을 테지.

　언젠가 두둑이 쌓인 '오늘'이라는 김밥을 잘라 보면 제각각의 모양과 빛깔로 얼마나 다채로울까. 야채 김밥, 참치 김밥, 치즈 김밥, 김치 김밥처럼 날마다 다른 재료로 김밥을 싸고 있는지 모른다. 그러니 잘 지은 밥과 네모난 김처럼 평범한 일상과 반듯한 마음만은 잘 챙겨두고 싶다. 그 마음을 바탕에 두고 삶이 건네는 다양한 풍경을 담아야지. 기쁨과 슬픔 사이 무지갯빛 재료를 얹어 '오늘'이라는 김밥을 매일 말아야지.

속상하다가도 어느새 커다랗게 웃고 있는 우리, 동그란 식탁 주위에 모여 앉아 김밥 하나로 맛있게 먹는 저녁. 긴 하루의 고단함 너머로 기쁨이 맺힌다.

쓰면서 사랑하게 된 날들

# 마음의
# 스위치 켜기

국거리 소고기  무  소시지  빵가루
뜨겁게 데운 우유   커버추어 초콜릿
밀가루  옥수수 가루  치즈 가루  버터  생크림
일상에 생기를 불어넣을 나만의 스위치

"보슬보슬 비가 와요 하늘에서 비가 내려요

달팽이는 비 오는 날 제일 좋아해

빗방울과 친구 되어 풀잎 미끄럼을 타 볼까

마음은 신나서 달려가는데 가도 가도 끝이 없는 길……"

조원경 작사·김진성 작곡, 동요 <달팽이의 하루>


딸아이가 친구와 둘이 목욕을 하는 욕실에서 노래가 흘러나온다. 언젠가 학교에서 배웠다고 했던 동요다. 그날은 내키지 않았는지 불러 달라고 사정을 해도 입도 벙긋하지 않았는데. 지금은 절로 노래가 흥얼거려지는구나, 아이 마음에 어떤 스위치 하나가 켜졌구나 생각한다. 비 와서 좋은 달팽이처럼 목욕해서 신난 아이들, 빗방울과 친구 되어 노는 달팽이처럼 친구와 목욕해서 너무 즐거운 아이들. 통통통 밝게 튕겨 오르는 목소리에 그 마음이 고스란히 담겨 있다.

닫힌 욕실 문 앞으로 가 가만히 귀를 기울인다. 아이들 목소리가 커질수록 내 마음도 콩닥콩닥. 아이들은 맑고 고운 목소리로 노래 부르며 즐거움을 즐거움으로, 기쁨을 기쁨으로 순전히 누린다. 그러는 사이 아이들 자신이 기쁨과 즐거움이 된다.

멋진 그림책 속으로 빨려 들어간 듯 나를 둘러싼 세상이 갑자기 한 톤 밝아진다. 아이들이 건넨 환한 기운에 나도 무언가를 보태고 싶다. 아이들이 키운 기쁨의 나무에 맛있는 열매 하나 매달아 주고 싶어 몸을 움직인다.

냉장고 안의 무를 꺼내 총총 썰고 소고기 달달 볶아 소고기뭇국을 끓인다. 딸아이가 얼마 전부터 먹고 싶다고 했던 음식. 그리고 작은 소시지를 꼬치에 끼워 튀김옷 입히고 빵가루 묻혀 기름에 튀긴다. 새끼손가락만 한 귀여운 핫도그를 만든다. 분주하게 몸을 움직이는 사이 내게도 즐거운 리듬 하나가 떠오른다.

한참 목욕을 하고 나와 허기진 아이들이 소리를 지른다.

"이게 뭐예요?"

"우와! 핫도그다!"

미처 말리지 못한 젖은 머리를 수건으로 돌돌 감고 딸아이와 친구 둘이 나란히 앉아 밥을 먹는다. 딸깍, 마음의 스위치를 켜면 평범한 저녁이 우리만의 특별한 순간으로 변모한다.

—

 하지만 스위치 한번 누르기조차 힘든 날도 있다. 몇 년 전 무더운 여름이 떠오른다. 더위에 몸이 처지고 기분까지 가라앉던 날. 여섯 살 난 아이에겐 동영상을 틀어 주고 책상 앞에 앉았지만, 일은 진척되지 않고 그 무렵 반복되던 부정적인 마음만 자랐다. 문득 고개를 들어 창밖을 보니 맑은 하늘에 커다란 구름이 둥실 떠갔다. 그걸 보자 이대로 하루를 망치고 싶지 않았다. 마음을 바꾸기 어렵다면 몸을 움직여 보자고 생각했다. 몸을 움직이면 마음도 서서히 몸을 따라 움직일 테니까.
 "서윤아, 아이스크림 먹으러 가자!"
 동영상을 보던 아이는 '아이스크림' 한마디에 신이 나서 텔레비전을 껐다. 시키지 않아도 세수와 양치질을 하고 옷을 골라 입었다. 빨간색 물방울무늬의 반팔 블라우스와 연보라색 반바지, 그 위에 분홍색 얇은 카디건을 걸쳤다. 며칠 전 그림을 그리다 물감이 튀는 바람에 작은 얼룩이 생긴 블라우스. 그날은 공연히 아이에게 화를 내고 말았는데. 혼자 씩씩하게 준비를 마치고 나를 기다리는 아이를 보자 뒤늦게 미안한 마음이 떠올랐다.
 아이가 준비하는 사이 나도 재빨리 설거지를 마치고, 머리를 감고, 원피스로 갈아입었다. '아이스크림'이라는 스위치를 켜는 순간, 외출을 하기로 마음먹은 순간, 모든 것이 빠르게 바뀌기 시작했다. 가장 먼저 나의 기분이, 그리고 아이와의 관계가 바뀌었다. 내가 있던 배경의 톤과 색, 날씨의 냄새와 촉감도 달라졌다. 어두웠던 실내에서 햇살이 쏟아지는 거리로 나서자 끝없이 높아진 하늘이 우리를 반겼다. 마음을 가두던 틀이 순식간에 허물어졌다. 아이와 정류장을 향해 걸음을 옮기는 사이 나도 모르게 노래가 흘러나왔다. 우리는 세상에 둘도 없는 다정한 친구가 되어 손을 꼭 잡고 걸었다. 바스락거리는 바람이 불고 풀내음이 코끝을 스쳤다.

한번 아이와 들른 적 있는 수제 아이스크림 집으로 향했다. 철마다 계절 과일로 아이스크림의 종류가 바뀌는 곳. 지난번엔 자두 아이스크림을 골라 맛있게 먹었는데, 이번엔 수박이 눈에 들어왔다. 수박에 초콜릿, 헤이즐넛 맛 아이스크림을 더해 아이와 사이좋게 나누어 먹었다. 아이스크림처럼 기분도 달달해졌다. 울적한 날 마음의 빛깔을 단숨에 바꾸어 줄 무언가가 있어 다행이었다.

—

겨울의 끝을 알리며 눈이 왔던 날도 생각난다. 구정 지나면 봄이라는 말이 무색하게 2월 어느 날 눈이 날렸다.

"눈이다, 눈!"

아이는 강아지처럼 꼬리를 흔들며 좋아했다. 조금 내리다

말겠지 싶었던 싸라기눈은 한낮까지 이어져 세상을 하얗게 뒤덮었다.

"눈 오니까 우리 핫초코 먹을까?"

간밤 날이 추워 씻기 싫어하는 아이와 실랑이를 벌였다. 샤워는 곧잘 하면서도 머리 감는 것만은 무척 싫어하는 아이. 그런 아이의 머리를 감기려면 며칠 전부터 마음의 준비를 해야 한다. 내일, 내일, 하며 하루 이틀 미루는 아이를 참아 주다 어제는 결국 화를 내고 말았고. 그게 마음에 걸렸는데 아무 일 없었다는 듯 목소리를 높여 말했다.

이번 겨울 마지막일 것 같은 눈을 우리만의 방식으로 기념하고도 싶었다. 평소에는 단 걸 못 먹게 신경 쓰기 때문에 초콜릿을 먹는다는 건 아이에게 특별한 일이다. 뜨겁게 데운 우유에 커버추어 초콜릿을 넣고 거품기로 섞어 주었다. 윗면에 미세한 거품이 올라간 포근하고 달콤한 핫초코 완성. 핫초코가 담긴 머그잔을 조심스레 받아든 아이의 두 눈이 반짝거렸다. 바깥 풍경이 내다보이는 거실 창 앞에 아이와 앉아 핫초코를 홀짝거렸다. 눈 오는 날, 창밖을 보며 마시는 핫초코는 아이에게 만들어 주고 싶은 달달한 추억이지만 내가 간직하고 싶은 '한 컷'의 일상이기도 했다.

가느다란 눈이 맹렬한 기세로 흩날렸고 우리는 유혹을 떨쳐 내지 못하고 밖으로 나갔다. 두꺼운 바지에 모자를 눌러쓰고, 부츠와 장갑으로 무장한 채. 그사이 놀러 나온 아이가 한 명도 없었던지 발자국 하나 없이 곱게 쌓인 눈이 놀이터 위로 도화지처럼 펼쳐졌다.

아이는 천천히 놀이터를 걸어 다니며 발자국을 찍었다. 장갑을 낀 손으로 미끄럼틀, 그네, 철봉 위에 쌓인 눈을 쓸어내며 돌아다녔다. 그러다 나뭇가지를 주워 새하얀 바닥 위에 그림을 그렸다. 기다랗게 이어지던 선은 둥그렇게 휘감으며 춤을 추다 산과 바다가 되고 꽃과 나무, 토끼와 고양이, 악어와 다람쥐로 변했다. 하얗던 놀이터 바닥에 까만 선이 더해질수록 겹겹의 선은 오선지가 되어 음악을 만들었다. 즐거움이라는 들리지 않는 음악으로 놀이터가 떠들썩했다.

'눈'이라는 장치가 내 안의 스위치를 제대로 켰구나 싶었다. 집으로 돌아와 꽁꽁 얼어버린 손발을 녹인 후엔 옥수수 가루와 치즈 가루 넣어 스콘을 만들자는 생각이 들었으니까. 스콘은 흔한 재료로 쉽게 만들 수 있지만 더없이 따스하고 다정해 내가 아끼는 디저트. 가루 재료에 차가운 버터와 생크림을 넣어 한 덩어리가 되도록 뭉치면 반죽은 완성. 완성된 반죽을 냉장고에 넣어 한 시간 정도 휴지시킨 후 뜨거운 오븐에 구우면 된다.

오븐을 예열해 두고 네모난 반죽을 여덟 개의 삼각형으로 잘랐다. 그 위에 달걀물을 바르고 오븐에 넣자 반죽이 익어가면서 새어 나오는 고소한 냄새가 집 안을 채웠다. 오븐이라는 난로가 슬금슬금 풀어내는 온기로 마음의 가장자리가 간질간질했다. 갓 구운 스콘을 아이와 나누어 먹는 시간엔 봄볕 같은 따사로운 기운이 곁에 내려앉았고.

—

　매일이 특별할 수는 없고, 무거운 마음은 또다시 찾아오겠지만 사소한 리듬이 일상에 생기를 불어넣는 마법을 놓치고 싶지 않다. 스위치 하나만으로 공간의 분위기를 바꾸는 노란 조명처럼, 마음에도 그런 스위치를 간직할 수 있지 않을까. 눈이 오면 눈싸움을 하고 온몸을 나른하게 풀어 주는 뜨거운 핫초코를 마시고, 비가 오면 장화 신고 나가 찰방거리다 기름 냄새 폴폴 풍기는 부침개를 먹으면서.
　사소한 일상에 생기를 불어넣을 나만의 스위치를 마음에 새긴다. 쉽게 불을 켤 수 있게 스위치마다 이름표를 달아 본다. '우울한 날의 아이스크림'이나 '눈 오는 날의 핫초코', '봄날을 기다리는 스콘' 같은.

쓰면서 사랑하게 된 날들

## 불협화음에도
## 노래할 수 있다면

버터와 달걀   블루베리잼   설탕과 밀가루
크럼블(아몬드 파우더, 설탕, 버터, 밀가루)
헤매어도 괜찮다는 다독임

아이들 떠드는 소리도 어수선하게 느껴질 때가 있다. 딸아이의 친구가 집으로 놀러온 날. 과일을 깎아 주고 잠시 앉았다가도 부르는 소리에 다시 엉덩이를 뗐다. 둘이 잘 놀다가도 "심심해. 놀아줘." 하며 투정 부리는 아이들. 새로운 놀이를 제안하고 이런저런 참견을 하다가도 지쳐버리는 날. 주말이라 남편은 안방으로 피신해 들어가더니 기척이 없다. 오후가 늘어져 길게만 느껴진다. 명랑하고 즐겁게 들리던 아이들 목소리가 시끄러운 소음이 되고 평소엔 챙겨 주고 싶던 간식 준비도 귀찮아지고. 주중에 일하느라 피곤했을 남편이 낮잠을 자는 모습조차 유난히 밉다. 혼자 고요히 머물고 싶다는 간절한 마음이 불청객처럼 비집고 들어온다. 그런 날엔 소파에 기대어 앉아 내게 필요한 말을 속삭인다. '괜찮아, 괜찮아. 그럴 수도 있지, 괜찮

아질 거야…….'

―

　찌는 듯한 더위가 기승을 부렸던 언젠가의 여름이었다. 양평 언니네로 피신해 아침부터 물놀이를 시작했다. 간이 풀장에 물을 받아 딸아이와 조카를 들여보내고 곁에서 놀아 주는데 날이 맑아 이르게 시작된 더위로 금세 몸이 달아올랐다. 살갗이 따갑고 몸이 늘어지는 게 더위를 먹었나 싶었다. 어느새 아이들 노는 소리가 성가시고 내 집에 가서 쉬고 싶다는 생각이 차올랐다. 더위 때문인지 자존감 저하 때문인지 마음이 자꾸 비뚤어지던 시기였다. 코로나19 바이러스의 유행으로 어린이집은 휴원 중이고, 숨이 막힐 것 같은 불볕더위가 이어졌다. 남편은 일과 대학원 계절 수업으로 집을 비우는 시간이 많아 일 년 내내 독박 육아 중이던 때. 그에 대한 불만도 쌓여 갔다. 내 삶인데, 내가 통제할 수 있는 건 아무것도 없어 자주 울상이 되었다.

　고여 있는 물 속이나 바람이 통하지 않는 작은 상자에 갇힌 기분이었다. 올라가려고 기를 써도 돌아보면 아래로 내려가고 있는 기묘한 계단에서 맴돌았다. 아이와 하루 종일 붙어 있느라 내 안의 답답함을 다독일 여유가 없었다. 마음의 시끄러운 소리는 밖으로 새어 나오기 마련인데. 기분 좋을 때는 웃어넘길

일에도 아이에게 짜증을 내거나 꾸지람을 늘어놓았다. 그러면 조금 더 참지 못한 자신이 미워 마음이 버석거렸다.

 삶이란 무수한 변수가 작용하는 우연의 합이다. 타인과 더불어 살기에 평범한 일상에도 수시로 변수가 발생한다. 그러니 모든 걸 내 뜻대로 통제하고 싶다는 건 불가능한 바람일 것이다. 설령 완전한 통제가 가능하다고 해도 그런 삶이 반길 만한 것일까. 원하는 대로 무언가를 발생시키고 종료시키면서 모든 우연의 가능성을 차단하는 삶. 외부에서 들어오는 신호는 전무하고 새로운 일은 절대 생기지 않는, 고요하다 못해 적막이 흐르는 삶. 상상만으로도 조금 끔찍한 기분이 든다. 지루하다 못해 막막해질 것 같다. 그런 삶에서는 의외의 일이 건네는 기쁨이나 호기심마저 사라져 버리겠지.
 모든 걸 통제하고 싶다는 욕심은 삶이 내어 주는 우연의 선물을 포기하겠다는 마음이 아닐까. 그렇다면 내가 갖고 싶은 건 통제의 힘이 아니라 선물을 기대하는 넉넉한 마음이다. 우연의 선물을 들여놓을 마음의 여백, 생활의 혼란과 불협화음까지 자연스러운 일로 받아들이는 유연함. 그 마음은 내가 쓰는 말에서부터 시작될 것이다. '안 돼', '반드시', '절대' 같은 딱딱한 말을 지우고, '괜찮아', '그럴 수도 있지', '그럼 뭐 어때'처럼 부드러운 말을 내 안으로 들였다.
 '괜찮아', '그럴 수도 있지', '그럼 뭐 어때'. 이 흔한 말이 내겐 절실한 말이었다. 글을 쓰지 못하고, 책을 읽지 못해도 괜찮아. 여행을 갈 수 없고, 친구를 만날 수 없어도 괜찮아. 바이러스와 무더위의 위협에서 아이를 돌보고 있잖아. 하루하루 무사한 것만으로도 얼마나 다행이야. 그런 말을 중얼거리며 내가 나를 다독였다. 그러다 보면 여름이 끝나고 바이러스의 위협도 잦아드는 날이 오겠지. 아이는 자라고 어린이집이든 학교든 어딘가를 가게 되겠지. 여름이 가면 가을이 오듯, 한 해가 지나면 새해가 시작되듯, 오늘이라는 하루도 끝이 나고 내일이 올 테지. 지금은 내 마음이 울퉁불퉁 모난 돌처럼 굴고 있지만, 다시 살랑살랑 바람처럼 흐르게 될 거야. 어떤 것도 영원하지 않아. 그렇게 희망을 불어넣었다.

　괜찮다고 말하는 순간 진짜 괜찮은 기분이 들었다. 그리고 앞으로도 괜찮을 것 같았다. 시간은 흐르고 모든 건 변해갈 테니까. 매 순간 시간은 성실히 흐르고 있으니까. 모난 돌의 모서리가 시간에 둥글게 다듬어지듯, 서툰 우리도 시간에 익어갈 것이다.

　해질 무렵, 마당에 물을 주는데 아이들이 자신들에게도 뿌려달라고 아우성쳤다. 호스에서 뿜어져 나오는 물줄기를 아이들 쪽으로 흔들어 주자 큰 소리로 웃음을 터뜨리며 아이들이 뛰어다녔다. 그 모습에 나도 얼마나 웃었는지 모른다. 더워서 아무것도 못 한다고 생각했는데 아이들은 여름의 물놀이를 만끽하며 아이들답게 자라고 있었다. 비로소 그걸로 충분하다는 생각이 들었다. 여름이니까 햇볕 아래 살갗을 그을리고, 과일로 배를 채우고, 느긋하게 낮잠을 즐기는 것만으로 감사하다고. 다시 오지 않을 여름을 우리 나름대로 즐기고 있으니. 아이의 생활을 통제하고 자신을 닦달하려던 마음이 느슨하게 풀어졌다.

자신의 자리에서 가능한 즐거움을 만들고 사소한 노력으로 누군가를 웃게 하는 정도가 최선인 시절도 있다. 여름처럼 지치기 쉬운 삶의 구간에는 작은 소리로라도 노래를 흥얼거릴 수 있다면 괜찮지 않을까. 밖은 매미들의 뜨거운 노래와 계절의 열기로 울창할 테니 우리의 노래는 가볍고 부드러운 허밍이면 족할 것이다. 무리해 힘주어 부르지 말고, 잠잠하고 나긋하게. 입안에서 흘러나오는 실바람 같은 소리로. 괜찮아, 괜찮아질 거야. 마음의 가느다란 노래에 귀를 기울였다.

―

숨바꼭질한다며 이 방 저 방을 오가는 아이들을 뒤로하고 부엌으로 간다. 얼마 전 사다 놓은 블루베리잼이 있으니 케이크를 만들어 볼까. 버터와 달걀, 설탕과 밀가루를 동일 비율로 넣어 섞은 파운드케이크 반죽 위에 블루베리잼과 크럼블만 올려 블루베리 케이크를 구워 볼까. 보랏빛의 블루베리가 선사할 상큼한 맛을 떠올리는 사이 입안에 침이 고인다. 블루베리를 좋아하는 아이가 케이크 앞에서 환호할 테지. 버터를 부드럽게 풀어 설탕과 섞고 계란을 하나씩 넣어가며 휘핑한다. 연한 레몬빛 뽀얀 반죽에 밀가루를 붓고 매만진다. 매끈하게 혼합된 반죽처럼 서서히 내 마음의 결도 정돈되는 것 같다. 준비해 둔 틀에 반죽을 평평하게 펼치고 블루베리잼을 올린다. 냉동실에 보관해두었던 크럼블을 더해 예열한 오븐에 넣는다. 케이크가 익기를 기다리며 식탁에 앉아 있는 사이 잠깐의 이 여백이 명상처럼 영혼을 어루만진다.

소파 위에서 뛰고 있던 아이들을 불러 블루베리 케이크와 우유를 먹는다. 입술에 블루베리잼과 크럼블이 묻은 것 따위 아랑곳하지 않고 환하게 웃는 아이들. 활짝 열린 입술 아래 하얀 이 사이로 블루베리의 보랏빛 물이 번진다. 괜스레 기운 빠져 무채색으로 짙어 가던 날 달콤한 케이크 한 조각이 색을 들인다. 블루베리의 보랏빛과 하얀 우유가 만나 고운 라벤더빛이 번진다. 게다가 단숨에 내 기분을 바꿔 놓는 아이들의 웃음은 얼마나 사랑스러운지. 케이크를 만들고 아이들이 웃음을 터뜨리는 우연한 사건으로 내 삶은 떠들썩하게 되살아난다. 소란을 들이지 않으려 울타리를 치는 대신 불편한 손님도 느슨하게 받아들이는 생활의 조화가 우연을 기쁨으로 바꾸어낸다.

무수한 고비를 웃음으로 넘겼듯, 거칠어지는 마음을 일상의 여백으로 쓰다듬었듯, 앞으로도 그럴 것이다. 시간의 흐름을 믿으며 나만 한 목소리로 허밍을 읊조려야지. 불협화음 속에도 노래할 수 있는 마음으로, 헤매어도 괜찮다는 다독임으로 걸음을 계속한다.

쓰면서 사랑하게 된 날들

## 나를 위한 요리

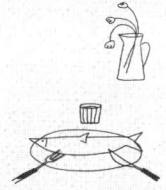

호박  무  방울토마토  마늘
우려놓은 맛국물  좋아하는 흰살 생선
레몬 슬라이스 반 조각  타임 약간과 종이포일
오늘만큼은 내가 좋아하는 것으로 나를 살찌울 결심

날마다 '저녁 있는 삶'을 산다. 언제 퇴근하나 눈치 볼 상사나 한숨 나오는 야근도 없는, 나는 전업주부. 토끼 같은 아이와 집에 머문다. 그런데 우울하다. 밥하고 먹고 치우고, 아이 씻기고 책 읽어 주고 잠재우고, 그런 일의 끝없는 도돌이표. 똑같은 저녁이 반복된다.

어떤 날은 괜찮다가도 어떤 날은 나도 모르게 흘러나오는 말. "지겨워." 앞이 꽉 막힌 것 같다. '엄마'라는 호칭에 붙박여 살게 될까 봐 두렵다. 남편과 아이 뒷바라지로 끝나는 삶. 그렇게 늙어 나를 정의할 이름이나 일 하나 갖지 못할까 봐. 지금은 부엌에서 한숨을 토해내고 있지만, 여기가 끝이 아니라는 믿음이 필요하다. 예상되는 결말에서 벗어나 낯설고 새로운 이야기를 향해 갈 힘, 다른 세계를 상상할 힘을 구한다. 보이지 않고

들은 적 없지만 어디선가 쓰였고 지금도 적히고 있을 이야기, 태어나길 준비하는 이야기를 찾아 헤맨다. 책을 읽고 글을 쓰며 삶에 이어붙일 또 다른 패치워크가 있다고 나를 다독인다. 상상하길 멈추지 않는다.

한동안 머리를 감고 거울을 볼 때마다 입꼬리가 처졌다. 늘어가는 흰머리에 한숨이 새어 나왔고 그걸 뽑겠다고 미간을 찌푸리고 나면 피로가 몰려왔다. 마음은 예전과 같은데 몸은 부지런히 나이든다는 신호를 보냈다. 체력도 급격히 떨어졌다. 아이가 잠든 밤 자유 시간을 누리는 삼십 대 엄마들이 부러웠다. 마흔이 넘자 저녁이 오기 전에 체력은 바닥났고 아이가 잠들 때까지 간신히 버틸 수 있었으니까. 아이를 재우려다 먼저 잠들어버리는 일이 비일비재했다. 내 시간을 구할 수 없어 숨 막히는 날이 많았다.

검은 머리카락이 더이상 흰 머리카락을 숨겨줄 수 없는 지경이 되자 염색할 결심이 섰다. 한번 시작하면 주기적으로 계속 해야 하는 게 싫어 미루기만 했는데 막상 염색을 하자 신세계가 열렸다. 한 톤 밝아진 머리 색으로 낯빛까지 화사해 보였다. 흰머리가 안 보여 속이 후련했으니, 그걸 뽑겠다고 이마를 잔뜩 찡그리며 보낸 시간이 어리석게 느껴졌다. 이렇게 쉽고 간단한 일이었는데. 나이가 들어 가는 몸의 변화를 받아들이는 데 시간이 필요했나 보다. 미련한 시간을 보내고야 있는 그대로의 나를 받아들일 수 있었다.

—

아이를 낳고 달라진 생활에 적응하는 데도 시간이 걸렸다. 아이를 챙겨야 하는 삶이 자유롭던 나를 구속했다. 과거의 나를 그리워하느라 우울과 좌절로 표정이 일그러졌다. 그 감정들이 나를 침식시켰다. 꿈 많고 의욕 넘치던 나로 돌아가고 싶지만 불가능했다. 이제 내겐 돌봐야 할 아이와 지켜야 할 가족이 있다.

시험관 시술로 어렵게 얻은 아이였다. 아이는 예뻤지만 먹이고 씻기고 재우는 일로 나를 돌아볼 시간은 사라졌다. 아이는 여기저기 장난감을 늘어놓았고 집 안은 치우고 돌아서면 다시 어지럽혀졌다. 눈 깜짝할 사이 끼니때가 돌아왔다. 쓸고 닦고 밥하는 일에 지쳐 마음이 거칠었다. 아이에게 짜증이 늘고 남편에게 불만이 쌓였다. 그런 자신이 더 미웠다. 다른 꿈을 좇아 회사를 그만두고도 아이에 대한 간절함 때문에 그 꿈조차 미뤄둘 수 있었는데. 그 모든 게 섣부른 결정이었나 후회하는 일이 잦았다. 밖에서 일이라도 하면 부질없는 생각과 괴로움도 덜할 것 같았고. 그러면 나갈 곳 없는 내가 무능해 싫었다. 계속 움츠러들었다.

누가 시킨 것도 아닌데 집안일을 손에서 놓지 못하고 불평만

늘어놓는 자신에게서 벗어나고 싶었다. 눈을 감기로 했다. 서재였지만 어느새 창고가 되어버린 방으로 들어가 문을 닫아걸었다. 어지럽혀진 거실과 설거짓거리가 쌓인 주방이 보이지 않게 철벽을 내렸다. 아이가 어린이집에서 돌아올 때까지 가능한 한 밖으로 나가지 않았다. 집안일이 보이지 않자 생각나지 않았다. 무의식적으로 손을 뻗고 몸을 움직이느라 자신을 지치게 했던 집안일에서 나를 구해냈다.

  그다음 하얀 백지를 펼치고 무작정 적어 내려갔다. 마음속에 뒤섞여 있는 것을 종이 위에 쏟아 분류하고 정리하면서 잘라내고 버렸다. 적절한 단어를 찾아 생각의 형태를 만들어 주면서 숨어 있던 내 안의 욕구를 읽을 수 있었다. 정돈해야 하는 건 나의 외면과 집이 아니라 내면이라고. 무너져 내린 마음을 다듬고 되살리는 게 먼저라고. 집과 아이를 돌보는 일로 채워지지 않는 부분이 있었고, 그걸 채우기 위해 무엇이 필요한지 찾아야 했다.

  옷과 가방, 선풍기와 제습기, 철 지난 물건들에 둘러싸여 있더라도, 책상에만 앉으면 괜찮았다. 잡다한 일에서 놓여나 책을 읽고 글을 쓰면 살 것 같았다. 책 속 이야기에 빠져들면서 꼬리에 꼬리를 무는 부정적인 생각을 잘라낼 수 있었다. 할 수 없을 것 같고 이대로 끝일 것 같은 마음, 나에 대한 미움과 누군가에 대한 원망을 지워낼 수 있었다. 책상과 의자 하나면 의무와 역할 없이 나로 존재할 수 있었으니까. 채워지지 않는 마음에 필요한 건 '자기만의 방'이었다. 내게 집중할 시간으로 충분했다. 멀리 떠나거나 특별한 무엇을 소유하지 않고도 자유와 충만함을 얻을 수 있었다.

흰 머리카락을 염색하기까지 어리석은 시간을 거쳤듯 나를 다시 만나기 위해서도 어둠 같은 시간을 통과해야 했다. 바닥부터 차오르던 어둠이 코끝에 닿고서야 나를 상실하고 있음을 알아챌 수 있었다. 그 순간의 간절함이 나를 움직였다. 매일 새벽에 일어나 A4 한두 장 분량의 글을 썼다. 한 달에 네댓 권의 책을 읽었다.

일회성 해결책에 안주하지 않고 내 안의 깊은 욕구를 탐색했다. 나는 누구인지, 어떻게 나로 살아갈 수 있을지 파고들었다. 아이와 가족을 돌보는 사이 사라져버린 '나'라는 존재를 회복하고 싶었다. 그러면서 어느새 나의 커다란 일부가 되어버린 모성과 돌봄에 대해 탐색했다. 아이가 생기기 전에는 제대로 볼 수 없었고 질문하지 않았던 세계가 나를 혼란스럽게 했으니까. 모르는 게 많다는 깨달음과 함께 배우고 알아내고 싶다는 열망이 타올랐다. 그러니 엄마가 되지 않았다면 정체성에 대해 이토록 치열하게 고민할 수 있었을까. 아이를 돌보느라 턱없이 시간이 부족하지 않았다면 읽고 쓰는 일에 이토록 갈급할 수 있었을까.

달라진 현실을 인식하는 데 집중했다. 불가능에 한탄하는 대신 지금 가능한 것을 골라내기 위해 연습했다. 체력이 줄고 생활이 바뀐 만큼 꿈의 모양과 크기에도 변화가 생겨야 한다는 걸 알아챘다. 과거로의 복귀가 아니라 여기서 새로이 내가 되어야 한다는 사실을 삶에 들여놓았다. 그런데도 꿈꾸는 마음, 무언가를 좋아해 두근거리던 마음만은 지키고 싶었다. 꺼질 듯 위태로운 내게 숨을 불어넣었다. 막힌 듯 보이는 부엌에서 틈새를 찾아 헤맸다. 과거로의 회귀가 아니라 또 다른 나를 향한 길이 어딘가 있을 거라고.

내가 원하는 말을 스스로 들려 주면서 서서히 괜찮아졌다. 흔들릴수록 나를 안아 줄 사람은 자기 자신이라는 걸 깨달으면서. 나의 행복이 먼저였다. 행복한 내가 다른 사람을 돌볼 수 있고, 즐거운 내 곁에서 다른 이들도 즐거울 수 있다고. 여기가 끝이 아니라 과정이라는 것도 보았다. 빈손으로 섰지만, 실패가 아니라 다시 시작이라고 시선의 방향을 바꾸었다. 가뿐하게 어디로든 갈 수 있다고 내게 말해 줄 수 있게 되었다. 결핍 덕분에 그럴 수 있었다. 아무것도 없다는 결핍감이 이미 가진 충만함을 알아보게 해 주었고, 나로 존재할 수 없다는 결핍의 시간이 나로 존재하는 일의 중요성을 일깨워 주었다. 우리를 진실에 다가가게 하는 건 부족이라는 지혜다.

지금도 늦었다고, 해낼 수 없다고, 불안과 두려움이 수시로 침범한다. '자기만의 방'을 찾아낸 나는 날마다 의식처럼 책상에 앉아 부정적인 생각을 잘라낸다. 내게 긴요한 언어를 책에서 구해 옮겨 적는다. 나를 살리는 말을 잃지 않기 위해 계속 쓴다. 책상이라는 작지만 드넓은 자리에서. 막힌 부엌에서 틈새를 찾던 나는 책상이라는 너른 들판을 만났다. 거기서 끊긴 삶에 이어 붙일 패치워크를 모은다. 찾으려 하니 보인다. 보려 하니 만져진다. 그렇게 허물어졌던 나의 윤곽선을 다시 그린다. 그리고 그리며 덧대느라 조금씩 자라난다.

방심하면 순식간에 집은 엉망이 되고 아이는 감기를 앓는다. 그럴 때면 '자기만의 방'도 무용지물이다. 어떤 나는 그곳에 남겨두고 또 다른 나는 생활을 돌본다. 글을 쓰며 글이 삶이고 삶이 글이라는 걸 알게 되었기 때문이다. 쓰기 위해서는 잘 사는 게 먼저였다. 잘 사는 건 잘 사랑하는 일이고. 내 곁의 사람을 살피고 생활을 돌보는 게 사랑이다. 사람과 집을 돌보고 보듬는 건 생활을 다듬는 일. 생활이 모여 삶이 된다. 하찮게 여겼던 일이 삶의 본질이고 그걸 다독이는 게 사랑이라고 글이 알려 준다. 살고 싶어 썼던 글에서 쓰기 위해 잘 살라고 격려받는다.

살림과 돌봄이 삶을 키우고 사랑을 만든다. 생활을 일구어 삶을 이루는 일, 필요하고 해야 한다면 그 일을 즐겁게 해내고 싶다. 그러기 위해 혼자 애쓰는 대신 가족들과 나누어 내 몫을 줄였다. 남편과 적당한 선에서 집안일을 분담했다. 아이에겐 자신의 방을 정리하고 식사 준비를 함께하도록 기회를 준다. 당장 미흡한 부분은 다음으로 미루는 여유를 챙기며 아이가 늘 어놓은 장난감을 내 삶의 귀여운 구석으로 바라본다. '반드시'

라는 엄격보다 '되는 대로'라는 유연을 따른다. 때로는 부족을 덮어두고 때로는 한껏 애를 쓰기도 하면서 자연스레 스텝을 옮긴다.

이제 내 몫의 집안일을 즐기는 일만 남았다. 설거지는 좋아하는 집안일 중 하나. 말끔하게 씻긴 그릇을 보면 마음마저 개운하니까. 설거지하며 시를 외우거나 오디오 클립을 듣고 음악을 들으며 휴식처럼 시간을 보내는 법도 터득했다. 끼니를 챙기느라 요리하는 즐거움도 시들해졌는데 좋아할 만한 구석을 발굴하고 있다. 딸아이와 한 달에 한 번 베이킹을 하고 일주일에 하루는 순전히 내가 먹고 싶은 음식으로 상을 차리는 식으로.

그러면 요리가 집안일이 아니라 선물을 준비하는 일로 바뀐다. 나를 위해 선물을 마련하는 시간. 나를 덜어 가족에게 식탁을 차려 주는 대신 나를 살찌울 식탁에 가족을 초대한다.

—

오늘은 내가 좋아하는 생선 요리를 준비한다. 종이 포일을 배처럼 접어 흰 생선살과 채소를 담아 굽는 요리. 멸치와 다시마, 무와 파를 넣어 맛국물을 우린다. 호박과 무를 적당한 크기로 잘라 모서리를 둥글게 다듬고 방울토마토와 마늘을 씻는다. 종이 포일 양끝을 실로 묶어 움푹하게 만든다. 종이배 같은 공간에 생선살을 넣고 소금과 후추로 간하고 호박과 무 조각, 방울토마토 두 알, 마늘 세 쪽을 올린다. 맛국물을 한 숟가락 끼얹고 레몬 슬라이스 반 조각과 타임을 더한다. 오븐에서 구워지는 사이 맛국물이 배어 생선살은 촉촉해질 것이다. 생선과 채소가 종이배 안에서 사이좋게 익어간다. 제각각 다른 재료가 종이배 안에 어우러져 근사한 요리가 된다. 차이로 조화를 빚는 색색의 것들이 맛있는 기쁨을 선사할 것이다.

    내 삶도 제각각의 재료를 담은 종이배라고 생각하며 포일을 접었다. 조금씩 다른 사람들과 살림살이를 싣고 익어가는 종이배. 적당한 자리를 찾아 다투기도 하고 요란하게 웃음꽃을 피우기도 하면서 자리를 마련하고 사이좋게 지내는 법을 발굴해 간다. 누군가를 들이느라 삶이 버거웠다. 나와 삶을 확장하느라 그토록 들썩였다. 나 너머로 경계를 넓힌 윤곽을 따라 품을 늘린다. 이 모든 게 나의 종이배라고, 삶이라고 크게 끌어안으려 팔을 뻗는다. 어디까지 늘어날까, 상상해 본다.

쓰면서 사랑하게 된 날들

어른도 슬프게
걸을 때가 있지*

토르티야   토마토소스   소시지   파인애플
방울토마토   모차렐라
서로의 품에 불쑥 찾아가 퍼뜨리는 치즈 향기

비 오는 날, 점심을 먹고 동네 도서관으로 향했다. 우산을 들고 걷는 사이 빗물이 반바지 아래 드러난 맨다리로 튀었다. 산책하기 좋은 가늘고 성긴 비. 더위는 한풀 꺾이고 옷이 젖을 염려는 없어 속도를 내지 않았다.

걷다 보니 어느 집 처마 아래 우산을 쓰고 앉아 통화하는 요구르트 아주머니(프레시 매니저)가 보였다. 요구르트를 보관하는 전동 카트에는 비닐이 덮여 있다. 아주머니에게도 휴식 시간이 필요하겠지. 비 오는 날 길가에 앉아 전화를 걸 만큼 친근한 이는 누구일까. 괜한 궁금증이 일었다. 가까이 다가가자 음식 이야기가 들렸다.

\* 박선아, 『어른이 슬프게 걸을 때도 있는 거지』(책읽는수요일, 2020)에서 차용.

"나는 무를 안 좋아하잖아."

아주머니의 목소리에 나도 누군가에게 전화를 걸고 싶었다. 내가 무얼 좋아하고 싫어하는지 속속들이 알고 있는 사람, 거리낌 없이 속내를 털어놓을 수 있는 사람에게.

누군가를 떠올리려는 듯 머리에서 기억이라는 책이 무의식적으로 넘어가고 불현듯 잊힌 기억이 되살아났다. 전철역에서 누군가와 이야기하고 싶어 눈물이 돌았던 날이 떠올라 화들짝 놀랐다. 그때 내가 그랬었지. 일차선 도로가 이어지는 한적한 길을 걷는 사이 접혀 있던 과거 한 시절이 펼쳐졌다. 빈칸이던 기억의 자리에 이미지들이 채워졌다.

대학교 2학년, 휴학하고 대입 시험을 다시 준비하던 때였다. 도서관과 독서실을 오가며 공부하느라 날마다 혼자였다. 아침 일찍 나가 밤늦게 들어오는 생활이라 가족들과 대화할 새도 사라졌고. 보이지 않게 두께를 늘리는 먼지처럼 내 안에 외로움이 내려앉았다. 어느 날 집으로 돌아가던 전철역에서 누구하고든 말을 하고 싶다는 생각에 눈물이 터지고 말았다.

친하게 지냈던 학과 동기와 동아리 사람들을 떠올리며 전화를 걸어 볼까 생각했지만 그럴 수 없었다. 급작스레 휴학을 결정하고 자취를 감추듯 사라진 상태. 사람들에게 소식을 전하지 않은 지 오래였다. 가깝게 지내던 동기에겐 홀로 남겨 두었다는 미안함이 있어 내가 힘들다고 전화를 걸 용기는 나지 않앉다. '어떻게 지내? 보고 싶다. 며칠 전에 영화를 한 편 봤는데 옛날 생각이 났어, 그때 내가 했던 말이 틀렸다는 걸 알게 되었거든. 그 이야기를 하고 싶었어.' 입속으로 이런 말을 중얼거리며 홀로 마음을 다독였다.

대형 할인점에서 계약직으로 일할 때도 그랬다. 판촉 아르바이트를 서너 달 정도 했는데 할인점 소속이 아닌 제조사의 파견직 형태라 동료라 부를 만한 사람이 없었다. 매대 끝 별도로 꾸려진 자리에서 남들과 다른 유니폼을 입고 원두를 팔았다. 제품을 홍보하느라 온종일 목소리를 돋우었지만 정작 하고 싶은 말은 내 안에 쌓여 갔다. "오늘은 기분이 어때?", "점심으로는 뭘 먹을까?"와 같은 일상적인 대화가 고팠다. 수많은 사람이 오가고 주변은 늘 소란스러웠지만, 문득문득 음 소거 버튼이 눌린 정지 화면을 보고 있는 듯 아득해지고는 했다.

그러다 매장 경호원 아저씨와 친해졌다. 짙은 회색 정장에 검은 넥타이 차림, 얼굴도 말쑥했던 아저씨. 아저씨는 무전기를 들고 정해진 시간마다 매장을 돌았다. 어떻게 우리 사이의 인사가 시작되었는지는 떠오르지 않는다. 아저씨는 바쁘게 지나다가도 잊지 않고 눈인사를 건넸다. 그러면 차갑던 가슴에 온기가 돌았고 인파 속으로 사라질 때까지 아저씨의 뒷모습에 시선을 고정했다. 날마다 아저씨가 지나가는 시간을 기다렸다. 가끔은 아저씨가 말을 건넸다. "오늘은 좀 피곤해 보여요, 점심

먹었어요?" 같은 사소하지만 내게 간절했던 말을.

　이십여 년 전의 일이 영화처럼 눈앞에 재생되었다. 분명히 존재했는데 까마득히 잊혀 빈칸으로 덮여 있던 시절. 누군가를 입안에서 수없이 부르고 어떤 시간이면 기다림에 애가 타 서 있던 나. 그때 나는 가장자리로 빛이 새어 나오는 먹구름 같은 얼굴이었을 것이다. 까마득히 잊혔던 순간이 떠오른 날, 그때처럼 눈가에 물기를 머금고도 웃을 수 있었다.

―

　요즘 나는 아이와 집에서 온종일 붙어 지낸다. 아이는 쉴 새 없이 종알거린다. 간혹 혼자 놀이를 하더라도 역할 놀이에 빠져 끊임없이 말을 한다. '엄마, 놀자', '엄마, 이거 봐 봐', '엄마, 있잖아', '엄마……' 때로는 귀가 따갑고 대꾸하는 데도 지쳐 '말하지 않기' 게임을 하자고 꾀를 내어 본다. 아이를 키우는 사이 고요히 혼자였으면 하는 바람이 날마다 한 장씩 더해졌다. 가볍던 한 장이 누적되어 오래된 지층처럼 두꺼워졌다. 그런데도 언젠가의 나처럼 진짜 혼자가 된다면, 이제는 견뎌 낼 수 없을 것 같다.

　혼자 견디는 일을 지금의 나는 감당할 수 있을까. 솜사탕처럼 다정하고 난로처럼 따뜻한 아이의 존재에 익숙해진 나는 아이 없는 하룻밤에도 허전함에 울적해지고 마는데. 이십 년 전의 나는 지금보다 더 강했구나. 나이가 들고 무덤해진 것 같지만 나의 어떤 면은 더 무르고 연약해졌다. 어른이 된다고 마음의 벽이 튼튼해지는 건 아니다. 어른도 슬프게 걸을 때가 있다.

이상한 건 아이와 지내는 집에서도 사무치게 외로워지는 날이 있다는 거다. 온종일 아이를 챙기고 집을 정리하고 끼니를 짓다 보면 그 언젠가처럼 사람들과 삶에서 소외된 기분이 든다. 진짜 하고 싶은 말은 수신인을 찾을 수 없어 반송된 편지처럼 내 안에 맴돈다. 소인에 찍힌 날짜가 멀어지는 줄도 모른 채 산적한 편지로 무거운 날은 별거 아닌 일에 아이를 꾸짖고 나의 뾰족한 말에 나도 시무룩해지고. 그런 날에는 아이를 데리고 집 근처 공원으로 나간다.

고개를 돌리면 너무 멀지도 지나치게 가깝지도 않은 거리에 각자의 고된 하루를 보낸 사람들이 보인다. 집에 있는 동안 혼자 버려진 기분이었지만 나만 그런 건 아닐 것이다. 각자의 공간에서 모두가 엇비슷한 하루를 보냈을 거라는 생각이 든다. 외로운 시간을 견디더라도 문을 열고 한 발 나설 수 있다면, 언제든 누구든 만날 수 있는데. 꽉 막힌 가슴에 바람 한 줄기 들일 수 있는데. 나를 외롭게 한 건 나 자신이었구나. 일상에 치여 문을 닫아버린 마음이 나를 고립시켰는지 모른다. 함부로 외롭지 말아야지. 그제야 오른손에 쥐어진 아이 손의 말랑하고 촉촉한 온기가 만져진다.

―

　오늘도 공원에서 저녁을 맞는다. 퇴근한 남편을 공원에서 만나 셋이 천천히 걸어 돌아오는 길. 내 어깨에 팔을 두르며 남편이 건넨 "수고했어." 이 한마디에 목구멍이 뜨거워진다. 그 한마디로 내가 견딘 하루를 이해받는 것 같아서. 그러면 다른 곳에서 다른 모습으로 애썼을 남편의 하루가 고맙고 미안하다. 우리의 삶이 나의 노력만으로 굴러가는 게 아니라는 걸 알기 때문이다. 나 혼자 일 인분의 삶을 가뿐하게 살고 싶다가도, 삼 인분의 삶을 셋이 지탱한다는 게 다행스러운 날이 많다.

　나의 것과 남편의 것, 이제는 아이 몫까지 더해 여러 갈래의 실이 모이고 얽혀서 하나의 삶이 되었다. 그 삶은 서로에게 기대고 서로의 안녕을 빌며 무늬를 그린다. 일일이 말로 약속하지 않았지만 우리는 가족이 되어 살면서 이런 사이가 되었다. 서로를 빌려 주고, 서로에게 조금씀 빚지며 사는 사이. 그러니까 미안함과 애틋함으로 서로를 감싸며 각자의 수고와 고단함을 위로하는 것도 그 약속에 포함되어 있다. 가족이라는, 말이 아닌 생활로 맺은 약속에는.

　집으로 돌아와 토르티야 위에 토마토소스와 소시지, 파인애플, 방울토마토와 모차렐라를 올려 피자를 만든다. 나와 남편, 그리고 아이, 세 사람이 각자 자신이 좋아하는 취향 대로 피자에 토핑을 더한다. 아이는 조그만 손으로 소스를 바르고 자신이 좋아하는 소시지와 파인애플을 듬뿍 올린다. 피자를 오븐에 넣자 하얗던 치즈가 녹아내리면서 서서히 노랗게 변해간다. 오븐을 여는 순간 치즈 냄새가 훅— 퍼져 나온다. 곁에 있던 아이가 신이 나서 큰 소리로 외친다.

"우와, 치즈 냄새가 불쑥 나잖아!"

'불쑥'이라는 말이 어색하면서 재미있다. 느닷없이 닥친 강렬한 냄새를 표현하기엔 더없이 잘 어울리는 말. 그 말이 좋아 여러 번 따라 해 본다.

"정말, 치즈 냄새가 불쑥 나잖아. 불쑥, 냄새가 나네!"

작고 둥그런 피자가 치즈 냄새를 퍼뜨리자 집안 분위기도 순식간에 떠들썩해진다.

혼자 누리는 고요가 아닌, 둘이 혹은 셋이 어우러지는 소란이 지금의 나를 버티게 한다. 홀로 약해진 대신 함께 튼튼해지는 법을 배운다. 감추려 했던 나의 연약함을 알아채고 인정하면서 서로에게 기대는 법을 익힌다. 홀로 이겨내려 함부로 외로워지는 대신 마음의 둑을 무너뜨려 차라리 허물어지기도 하면서. 내게 누군가의 품이 간절하듯 나도 내 가슴을 누군가에게 한없이 내어 주고 싶다. 혼자서 꿋꿋해지려 주먹을 쥐었던 시절을 건너, 혼자이길 바라 들끓는 나를 통과해, 남편과 아이와 뒤엉켜 웃기고 어설프지만 유연한 나를 향해 간다.

저녁마다 아이를 가운데 두고 남편과 내가 나란히 누워 아이의 얼굴과 손을 쓰다듬고 팔과 다리를 주물러 주다 서로의 몸을 포갠다. 우리 사이로 사랑이라는 물결이 소리 없이 오가는 순간이, 혼자가 아니라 셋이라 가능한 저녁이 소중하다. 아이가 나의 머리를 쓸어 주고 어깨를 주물러 주고 귀를 꼭 감싸 줄 때 연약한 동물처럼 나를 맡긴다. 내 안에 숨어 있는 아이의 마음, 여물지 못한 속살을 드러낸다. 어른도 슬프게 걸을 수 있단다, 언젠가의 내게 뒤늦게 말을 건넨다.

# 아이가 잠든 사이
# 비밀을 만든다

밀가루   소금   설탕   버터와 물
사과 세 알   시나몬 가루
내게 오는 파도를 맞으며 섬처럼 머무는 시간

오늘은 눈이 오니까 아이와 내가 좋아하는 사과파이를 구워 볼까. 밀가루와 버터는 언제나 떨어지지 않게 갖춰두었고, 냉장고 제일 아래 칸에는 사둔 지 조금 되어 생기를 잃은 사과가 있지. 싱싱하고 꿀이 가득 든 사과가 아니더라도, 시들어서 맛이 빠진 사과더라도, 재료가 완벽하게 준비되어 있지 않더라도 사과파이를 만들 수 있다. 완벽하게 준비되길 기다려 미루는 것보다 부족한 대로 오늘의 기쁨을 누리는 게 주어진 생을 사치스럽게 누리는 법이니까.

어느덧 여덟 살, 학교에서 요리 수업을 듣는 아이는 제법 칼질이라는 걸 할 줄 안다. 플라스틱 칼을 쥐여 주고 사과를 잘게 잘라달라고 맡긴다. 그사이 나는 밀가루에 소금, 설탕, 버터와 물을 넣어 가볍게 파삭거리는 파이지를 반죽한다. 끝없이 조잘거리는 아이의 움직임이 경쾌하고 소란스러운 리듬을 만든다. 즐겁게 그 리듬을 타는 사이 베이킹은 놀이가 되고 우리는 사이 좋은 친구처럼 주방을 오간다. 냄비에 버터를 녹이고 아이가 서툴게 자른 사과 조각을 쏟아 넣는다. 오늘은 눈이 오니까 설탕은 평소보다 조금 더 많이, 그리고 시나몬 가루를 솔솔 뿌린다. 집 안 가득 버터와 사과, 시나몬이 어우러진 달큼한 향이 차오를수록 아이의 얼굴은 발그레 물이 든다.

미리 만들어둔 파이지를 틀에 올리고 졸여놓은 사과 마멀레이드를 담는다. 예열해둔 오븐에 넣고 타이머를 맞춘다. 거실에 차오르던 사과와 버터 향이 오븐의 열기와 함께 무르익는다. 눈 오는 날 아이와 함께 만든 사과파이가 나와 아이 각자의 앨범에 조금 다른 이름으로 꽂히고 있겠지. 어른이 되어 섬처럼 서있을 수밖에 없는 날, 아이가 비밀스레 꺼내 볼 성냥불 같은 사진 한 장처럼. 언젠가 아이는 누군가의 품에서 안온했던 기억을 또 하나의 심장처럼 끌어안을 것이다.

—

아이는 여러 날 기침으로 밤잠을 설쳤다. 그 감기가 잔잔해지는가 싶더니 나의 목이 붓기 시작했다. 기침이나 콧물 없이 인후통만 살짝 있었다. 심한 감기는 아닐 것 같지만 아이에게 다시 옮길까 봐 부랴부랴 병원에 다녀왔다. 병원에 가고 약을 먹는 일이 생활을 방해하는 성가신 물건 같다. 약을 먹기 위해 빠짐없이 끼니를 챙겨야 하고 커피를 마실 때도 희미한 죄책감이 떠오른다. 달려 볼까 하면 속도를 늦추게 하는 과속 방지턱처럼 속도계를 확인하고 속도를 낮춘다.

아침, 창을 열어 환기하고 가습기에 새 물을 채우고 보리차를 끓였다. 건너뛰던 아침을 빵 한 조각 구워 블루베리잼 발라 먹고 따뜻한 물에 약을 삼켰다. 밤새 뒤척이느라 구깃구깃해진 이불을 털 듯 천천히 새날을 열었다. 감기는 방해물이 아니라 메트로놈인지도 모르겠다. '똑딱똑딱똑딱' 쉴 새 없이 넘어가던 박자를 '똑—딱— 똑—딱—' 유심히 헤아려 보라고 감기라는 메트로놈이 내 등을 톡톡 두드린다.

아이가 곤히 자는 아침에는 소설 한 단락과 시 한 편을 서두르지 않고 필사했다. 빠르게 많이 말고 더디게 알맞게. 종이에 한 자 한 자 적어 내려가는 일은 기도 같다. 오늘이라는 시간도 그렇게 조곤조곤 걷게 해 달라고 손을 움직여 기도했다. 그러느라 비밀스레 간직할 주문 같은 문장을 모았다.

"어쩌면 삶에 의미가 있을지도 몰라.
의미 없어도 생생하지.
사는 걸 꽤 좋아하면 좋겠어."

김이듬, 「후배에게」, 『투명한 것과 없는 것』(문학동네, 2023), 68쪽.

뜨거운 보리차를 머그잔에 담아 두 손으로 감싸 쥐고 눈 내리는 창밖을 바라보았다. 삶은 의미 없어도 생생하지, 사는 걸 꽤 좋아하지, 이런 아침에는. 오늘을 좋아할 준비가 되었다.

　―

　그때도 아이는 감기에 걸려 있었다. 아직 코를 훌쩍이는 아이를 얼러 코를 풀게 했다. 아이는 그게 못마땅했는지 힝힝, 싫은 소리를 내다 울음을 터뜨렸다. 낮잠 잘 시간인데 버티고 있는 사이 피곤과 짜증이 몰려왔나 보다. 아이를 안아서 달래니 몸을 옹송그리며 가슴팍에 기댔다. 잠시 후 아이는 품에서 미끄러지듯 내려와 두 다리 사이에 누웠고 몸을 뒤척이다 잠들었다.

　잠든 아이를 들어올려 소파로 옮겼다. 아이는 몸을 움직여 자세를 잡는가 싶더니 다시 잠 속으로 빠져들었다. 아이의 눈꺼풀이 내려와 기다랗고 까만 속눈썹을 볼 위로 드리웠다. 도토리를 머금은 다람쥐처럼 볼록한 볼이 말개졌다. 둥지를 틀 듯 동그랗게 말아 누운 몸 위로 잠의 베일이 덮였다. 아이의 실루엣을 따라 팔을 둘러 울타리를 만들고 잠든 얼굴을 가만히 들여다보았다.

　아이에게 이불을 덮어 주고 보일러를 틀었다. 방에 있던 가습기를 거실로 들고나왔다. 서서히 바닥에 온기가 돌고 가습기에서 물 끓는 소리와 함께 증기가 피어올랐다. 고요가 내린 거실에 라디오에서 흘러나오는 클래식 선율이 가볍게 맴돌았다. 그때의 고요는 아이가 없을 때의 정적과는 다르다. 적막이 아닌 온화한 정온. 꿈결로 빠져드는 아이의 모습을 바라보다 알 수 없는 충만함에 젖어 들었다.

최고의 사치란 무상으로 주어진 삶을 인심 좋게 사용하는 일이라는 장 그르니에의 말처럼, 아이는 사치스럽게 삶을 쓴다. 자신에게 주어진 생의 지시를 있는 그대로 따르면서. 배가 고프면 먹고, 힘들면 울고, 졸리면 고꾸라지듯 잠든다. 깨어 있는 모든 시간을 즐거운 놀이로 채우며 아낌없이 써버린다. 아이는 가난한 내 삶에 찾아와 빈 곳에 이미 가득한 생(生)을 알려 준다.

아이가 낮잠을 자는 사이 세계는 다른 빛을 띤다. 아이를 돌보느라 바삐 달리던 하루가 일순간 정지하고 혼돈의 세상에 작은 구멍이 뚫린다. 숨구멍 같은 틈새에서 가쁜 숨을 고르라고. 그럴 때면 잠든 아이의 기운을 빌려 단잠에 들거나, 내 앞에 놓인 쉼표 위에 웅크리고 앉아 숨겨두었던 케이크를 먹었다. 덮어두었던 책을 펼쳐 먼 곳으로 여행을 떠나거나 휴대폰을 열어 다른 세상과의 교신을 시도하기도, 그림을 그리고 글을 쓰며 새로운 꿈을 불러 보기도 했다.

잠든 아이의 얼굴에 걸린 평온하고 투명한 빛에 기대 나도 어딘가로 떠날 수 있었다. 아이가 자라는 동안 수없이 반복되었던 낮잠 시간은 엄마의 하루에 비밀 같은 통로를 내었다. 아무도 모르게 그 길을 헤매다 아이가 깨려는 부스럭거림에 뛰어 돌아오곤 했으니. 다시 태어나듯 아이는 일순간 생기와 사랑스러움을 퍼뜨리며 눈을 떴다. 그건 짧은 여행을 떠난 내게 빨리 돌아오라는 아쉬운 신호였지만 돌아갈 곳이 있다는 다행감으로 나는 안도했다.

  잠에서 깨어나려는 아이 곁에 누워 아이를 안았다. 곧 어둠이 내리고 아이는 내 품을 빠져나갈 것이다. 때로는 내게 매달리는 아이 때문에 숨이 막혀 나의 처지가 세상에서 고립된 외딴섬 같지만, 아이와 내 몸을 한몸처럼 맞대고 있는 찰나에는 그 모든 고단과 고립도 잊힌다. 하나의 존재와 깊이 결속되어 있다는 감각으로 온전해진다. 이 감각이 아이의 몸에도 새겨지고 있을까. 내 품에서 얻은 온전함으로 언젠가는 바다 위 하나의 섬으로 설 수 있을까. 나의 심장처럼 아이를 품고 있을 시간이 영원하지 않다고 누군가 속삭이는 것 같아 더 세게 아이를 끌어안았다. 서로가 홀로 될 어느 날을 위해, 함께 있는 사이 맺히는 온기를 비축하고 있는지도 모르겠다고.

—

  아이는 자라 낮잠을 자는 대신 학교에 간다. 아이가 학교에

가면 나는 하나의 섬이 되어 내게 오는 파도를 성실히 맞는다. 아이가 학교에서 자신의 파도를 넘나들 듯 나는 내 몫의 파도를 넘긴다. 그러다 우리는 기쁘게 다시 만나 쌍둥이 섬처럼 나란하게 산다. 아직은 그런 날들이 이어진다. 때로는 번잡하고 귀찮지만, 그래서 귀엽고 사랑스럽고 다정한 생활이 아이와 나 사이에 흐른다.

아이가 낮잠이 들길 애타게 기다리던 초보 엄마 시절을 지나 나는 어느덧 수시로 내 삶을 침범하는 아이의 소란에 제법 능숙해졌다. 방학이라서 아침부터 내 옆에 앉아 책을 읽던 아이는 노래를 부르다 어느새 자리를 뜨더니 두 손에 구슬을 잔뜩 쥐고 와서 내게 묻는다. "엄마, 여기에 구슬이 몇 개 들었을까?" 나는 아이의 손에 눈길을 주었다 다시 모니터로 시선을 옮기며 물음에 경쾌하게 답을 한다. 동시에 키보드 위에서 움직이는 손을 멈추지 않을 수 있다. 시간이 안겨 준 능숙과 유연함으로.

쓰면서 사랑하게 된 날들

## 시간은
## 흐르고 모인다

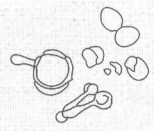

아몬드 파우더   코코아 파우더   슈거 파우더
달걀 흰자   버터   오렌지필
촘촘하게 걲어 농도가 진해진 시간

장마가 계속되던 여름이었다. 며칠 퍼붓던 비는 간신히 그쳤지만, 먹구름은 아직 걷히지 않았다. 눅눅한 습기가 더위에 무게와 압력을 더했고 거실 바닥에 내려앉은 여름 공기가 발바닥에 끈적하게 들러붙었다. 마침 원두가 떨어졌는데 사러 다녀올까. 아이를 데려가기엔 카페까지의 거리가 꽤 멀지만, 남편도 없는 집에서 잠들 때까지 아이와 투닥거릴 일이 까마득했다. 중간에 돌아오더라도 밖으로 나가 천천히 걷고 싶었다.

문을 나서자 선선해진 저녁 바람이 장난이라도 걸 듯 와르르 달려들었다.

"아, 시원해!"

아이와 나, 둘이 동시에 기분 좋게 외쳤다. 서두를 이유도 없었다. 아이가 들고나온 비눗방울을 한껏 날리고 놀이터에서 그

네까지 타고 나서 느릿느릿 아파트 단지를 빠져나갔다.

철물점 간판 위로 기세 좋게 뻗은 줄기에 주렁주렁 기다란 수세미가 달렸다. "저게 뭐지?" 시치미를 떼고 물으니 아이가 큰 소리로 외쳤다. "오이!" "오이는 저것보다 가늘지 않아?" 그랬더니 "아, 호박이네, 호박."이라고 한다. 철물점 옆은 이발소다. 그 앞 대추나무엔 대추 열매가 촘촘히 달렸다. "저것 봐, 초록색 열매가 엄청 많아." 아이가 답했다. "저건 포도야, 저게 자라서 청포도가 되는 거야." "아, 그럴 수도 있겠네." 나는 웃으며 맞장구를 쳤다. 굳이 아니라고 고쳐 말하고 싶지 않았다. 포도가 될 수도, 대추가 될 수도 있는 열린 가능성이 좋았다.

아이는 평범하고 사소한 온갖 것을 신기하다는 듯 바라보았다. 나와 아이 사이로 끝없는 대화가 이어지고 우리는 수시로 별거 아닌 것에 '큭큭' 웃음을 터뜨렸다. 말없이 조용히 걷는 것만 산책인 줄 알았는데 이런 산책도 있구나, 걸음 하나하나에 말풍선이 맺히고 웃음꽃이 피는 산책 말이다. 그 길을 걷는 동안 작고 예쁜 구슬을 모은 기분이었다. 과자 봉지 안을 뒤적이다 작은 별사탕을 찾아내던 어린 시절의 소녀처럼 올망졸망한 즐거움을 채집했다.

카페에 들러 원두를 사고, 길을 걷다 만난 새로운 놀이터에서 미끄럼틀까지 타고, 다시 천천히 집으로 돌아가는 길. "힘들어." 기운 없는 목소리에 아이를 등에 업었다. "이제 조금 더 크면 업지도 못하겠어, 너무 빨리 크지 마." 제법 무게가 나가는

데도 내 등으로 아이의 둥그런 몸이 느껴질 때의 안온함이 좋아 이런 말이 흘러나왔다. 등에 업힌 아이와 손에 든 가방의 무게로 걸음은 느려졌다.

집에 도착했을 땐 땀과 열기로 온몸이 끈적거렸다. 머리를 감고 샤워를 한 후 냉장고에 있던 멜론을 잘라 먹었다. 선풍기 앞에 앉아 아이의 머리를 말려 주는데 아이가 뒤로 기대어 내 무릎을 베고 누웠다. 옆으로 누운 아이의 얼굴로 쏟아져 내리는 머리카락을 귀 뒤로 넘겨 주었다. 드라이어가 바람을 만들어 내는 소리가 웅웅거렸다. 가만한 시간이 내려앉았다. 문득 아이 얼굴 위로 아이만 했던 내 얼굴이 보였다. 어떤 시간이 후드득 뒷덜미에서 떠올라 눈앞에 펼쳐졌다.

엄마 심부름으로 골목길을 달려 커다란 수박을 끌어안고 가던 여름밤이, 설악산으로 떠난 여름휴가에서 장맛비 속에 우비를 입은 채 웃고 있던 아빠가, 학교에 늦은 줄도 모르고 엄마와 피아노를 치며 노래 부르던 정오의 시간이, 아빠 무릎을 베고 귀에서 달그락거리는 소리를 들으며 살포시 잠이 들었던 일요일의 한낮이. 지금의 나보다 내 앞의 아이와 더 닮은 내가, 여전히 내 안에 살고 있었다. 시간은 흘러 사라지는 줄 알았는데 어딘가 모여 있었나 보다. 시간이 지나 어른이 되었지만 어린 시절의 어떤 시간은 내 안에 남아 영원을 산다.

시간은 흐른다. 볼 수 없고 들을 수 없는 시간은 우리를 지나 자취를 감춘다. 시간은 되돌릴 수 없고 써버리거나 잃을 수밖에 없는 것처럼 여겨진다. 그래서 사라질 시간을 대신할 무언가를 얻기 위해 애쓴다. 시간의 상실을 보상해 줄 확실한 결과물을 얻고자 몰두한다. 성적이나 성과처럼 남들이 인정해 줄 무언가를. 그걸 찾아 헤매느라 시간을 허비하고 그러다가 허투루 시간을 써버렸다고 자책하고 안타까워하고…… 그러느라 지금을 누리지 못하는 경우가 많다.

그런데 시간은, 흘러 사라지는 걸까. 한 방향으로 직진하기만 하는 걸까. 언젠가 책에서 읽었던 것처럼 시간은 나선형으로 움직이며 과거와 현재, 그리고 미래까지 불연속적으로 접속하기도 하는 게 아닐까. 과거의 한순간이 내 안에 선연하게 떠오를 때면 그 시간이 사라진 게 아니라 나와 함께 살아간다는 생각이 든다. 눈앞의 아이가 시간을 쌓아 몸집을 키우고 키를 늘인다는 걸 말 그대로 보여 주듯 나를 키운 시간 또한 내 안에 적립되어 있다고. 사람은 시간과 기억을 품고 살아간다. 시간은 그런 식으로 우리 안에 모인다.

언제부턴가 나는 시간은 흐르면서 모이기도 한다고 믿게 되었다. 내가 잘 살아낸 시간이 우리 안에 고스란히 남는다고. 그러자 더 많은 순간에 진심을 들이게 되었다. 아이의 몸과 나의 몸에 공들여 시간을 담고 싶어서. 사라지는 시간을 대신할 무언가를 찾아 헤매는 대신 나를 지나는 시간을 살뜰하게 겪자고 생각한다. 언젠가의 좋은 날을 기다리지 말고 다시 오지 않을 오늘을 잘 살아 좋은 날로 만들자고. 조금씩 달라지는 날씨와 기분처럼, 미세하게 변해 가는 아이와 일상의 얼굴을 살피고 기억하려 기록한다. 시간은 어김없이 우리를 새로운 자리로 옮겨 놓고 무언가를 바꿔 놓을 테지만 열렬했던 시간만은 우리 안에 쌓일 거라고 믿으니까. 함께 웃었던 다정한 시간은 기억에 모여 선명해질 것이다.

—

올해는 이르게 장마가 시작되었다. 아침부터 내리는 비에 휘낭시에를 구워 볼까 생각한다. 진한 커피 한 잔과 휘낭시에가 잘 어울리는 날씨. 달걀 흰자만 휘핑하고 버터를 태워 넣은 후 아몬드 파우더와 코코아 파우더, 슈거 파우더를 섞어 반죽을 만든다. 진한 버터 향과 쫀쫀한 식감이 매력적인 휘낭시에. 코코아 파우더를 넣은 초콜릿 휘낭시에에 새콤달콤한 오렌지필을 올려 색과 맛을 더한다.

원두를 갈아 커피를 한 잔 내리고 오렌지필이 보석처럼 빛을 내는 휘낭시에 조각을 한 입 베어 먹는다. 아이와 처음 원두를 사러 갔던 그날의 저녁 길과 달달해서 마들렌보다 휘낭시에가 더 좋다던 아이의 혀 짧은 목소리가 내 안에서 플레이된다. 내 안에는 얼마나 많은 시간이 모여 살까. 우리를 풀면 얼마나 많은 시간이 감겨 있을까.

모을 수 있다면 '휘낭시에처럼 농도가 진한' 시간을 모으고 싶다. 진심을 다해 달리기를 하던 시간이나 세 식구 좋아하는 생선구이에 젓가락과 포크를 동시에 들이대며 나누어 먹던 순간, 바닥에 엎드려 함께 동물 흉내를 내며 배꼽 빠지게 웃던 찰나나 노느라 열을 올리는 사이 아이 이마에 송골송골 맺힌 땀을 손등으로 쓸어 주던 밤처럼. 시간을 무언가로 대체할 수 있다면 아이의 티 없는 웃음소리의 메아리, 반짝이는 눈동자의 빛이나 열기에 뜨거워졌다 식으며 차가워진 살결의 감촉, 깨끗이 비워진 접시 같은 것이면 좋겠다.

## 그것의 이름도
## 희망이라고

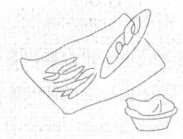

길쭉하게 자른 바게트   크림치즈
채 썬 오이   게맛살
시소를 타듯 둘이서 나눠 먹을 준비

오늘 저녁은 노을 보며 빵을 먹기로 해 두었다.

"빨리 나와요."

샤워하는 내게 아이가 재촉한다. 서둘러야 해 지는 모습을 본다며 욕실 앞에서 해가 있는 자리를 생중계한다. 급히 옷을 챙겨 입고 나가지만 해는 이미 서쪽으로 넘어간 뒤. 자신은 해가 이글거리는 모습을 보았다며 아이가 짐짓 자랑스럽게 말한다. 아이 앞에 놓인 스케치북에는 인증 숏처럼 붉게 타오르는 해가 그려져 있다.

해는 넘어갔지만, 빛의 잔상으로 하늘은 다홍빛이다. 베란다에 의자를 두고 딸아이와 나는 샌드위치를 먹는다. 기다란 바게트 사이 크림치즈를 바르고 채 썬 오이와 게맛살을 올려 만든 샌드위치. 이쪽 끝은 내가, 저쪽 끝은 아이가, 샌드위치 하나가 나와 아이 사이를 오가며 두 사람의 배를 불린다. 하늘은 계속해서 색을 바꾼다. 다홍빛은 진한 분홍색으로 변해 서서히 면적을 좁힌다. 지평선 위로 띠를 그리며 붉어지다 이내 사라진다.

거실에 켜 놓은 라디오에서 '1974 Way Home'이 흘러나온다. 재빨리 볼륨을 높이고 돌아와 앉으니 아이가 내 무릎 위로 자리를 옮긴다. 아이의 두 팔을 들어 음악에 맞춰 흔드니 "우리 일어나서 춤추자!"라고 아이가 생각난 듯 외친다. 잠자코 앉아 음악에 빠져들고 싶지만, 엉덩이를 털고 일어나 본다. 가슴 앞에 두 손을 모았다 뛰어오르며 양쪽으로 팔을 뻗는 아이. 그걸 따라 나도 뱅그르르 한 바퀴 도는데 내 안의 무언가가 포르르 날아오른다.

아이 덕분에 낯설지만 새롭고 환하게 맑은 기쁨을 누리는 순간이 늘었다. 가을 하늘의 노을을 감상하고 놀이터에서 그네를 타며 바람을 맞고, 공원의 너른 잔디밭에서 구름의 모양을 헤아린다. 곤충과 꽃 무리와 눈인사를 나누고 열매의 무덤이나 빛 그림자 주위를 맴돈다. 내가 먼저 이끌었는지 아이 손에 이끌렸는지 이제는 잘 모르겠지만 그런 건 중요하지 않겠지. 아이와 공존하는 삶이 나를 더 섬세하고 배려하는 사람으로 만든다. 더 유연하고 용감하게 이끈다.

하나를 두고 이쪽저쪽에서 나누어 먹는 샌드위치처럼, 아이와 나, 두 삶을 오가며 시소를 탄다. 아이 쪽으로 한없이 기울어진 시소 끝에서 아슬했고 힘주어 내 쪽으로 내리느라 숨가빴다. 그러느라 엉덩방아를 찧어 얼얼했지만, 눈물도 났지만, 들썩거리는 게 우습고 재미나 결국 웃고 말았다. 아이와의 생활이 그랬다. 한쪽으로만 기울어도 재미없고 가만히 있어도 즐겁지 않은 생활. 아프고 힘들더라도 덜컹거려야 놀이가 되고 리듬이 생긴다. 계속 발을 구른다. 내 쪽으로 기울이거나 멈춰 있으려 괜한 애를 쓰는 것보다 오르락내리락하는 게 낫다는 걸 알아가며 놀이를 더 즐기게 되었다. 우리에게 걸맞은 강도와 리듬, 박자를 찾아간다.

―

한번은 영월로 겨울 여행을 떠났다. 지난여름 천문대에서 강의를 듣고 망원경으로 별을 보았던 일이 너무 좋았기에 이번에도 그럴 계획이었다. 아이도 한껏 들떠 천문대의 밤을 기대했다. 숙소에 도착해 별자리 그림책으로 예습까지 했다. 그랬는데, 천문대가 리모델링 공사로 문을 닫았다는 소식을 뒤늦게 알게 되었다.

잠시 실망했지만 금세 마음을 바꾸었다. 간밤 숙소 앞에서 맨눈으로도 별을 보며 우리끼리 별자리를 헤아렸으니까. 그리고 문은 닫혔어도 천문대가 있는 산꼭대기에서라면 더 많은 별을 볼 수 있을 것 같았다. 더 가까이 크게 보일지도 모르고. 기대한 건 없어도 알 수 없는 무언가가 우리를 기다릴 것이다. 시도해야 경험하고 움직여야 발생하는 즐거움이 있으니까. 천문대가 문을 닫았더라도 산에 올라가 보기로 했다.

정상으로 향하는 사이 하늘의 표정이 바뀌었다. 주차장에 차를 세우고 천문대로 걸어가는데 날씨가 심상치 않았다. 순식간에 구름이 몰려와 하늘을 뒤덮었다. 천문대 앞 전망대에 서니 사방에 옅은 회색의 구름이 겹겹이다. 구름 사이 좁은 틈으로 희미하게 저녁놀이 번졌다. 차갑게 몰아치는 바람을 맞으며 멍하니 서 있었다.

구불구불 이어지는 산능선이 달려오길 망설이듯 멈춰 선 파도처럼 이어졌다. 그 위를 뒤덮은 구름의 모습이 비현실적이었다. 아래로는 까마득히 먼 곳에서 점점이 박힌 도시의 불빛이 빛을 발했고. 안개가 도시 위로 희부연 막을 드리웠다. 우리는 잠시 현실에서 비켜나 세계의 밖에 머물렀다. 발밑의 도시와 구름이 층을 이룬 하늘, 파도처럼 밀려오는 산줄기. 경이로운 장면에 압도되어 할 말을 잊었다.

우리가 바랐던 노을과 별은 없었다. 하지만 그 순간 그곳이 아니라면 마주할 수 없는 우주적인 장면을 만났다. 언젠가 드라마에서 들었던 대사가 떠올랐다. 부질없는 것을 바라 달린 대도 가 봐야만 볼 수 있다고, 헛된 욕망일지라도 쫓다 보면 무언가로 채워진다고. 알 수 없던 무언가로 나의 바람은 넘치도록 메워졌다.

 그날 밤 숙소 앞에 모닥불을 피우고 나와 남편, 아이 셋이 둘러앉았다. 마른 장작이 타오르면서 불꽃이 솟구치자 거짓말처럼 머리 위 하늘이 말갛게 개었다. 짙은 남빛의 하늘이 둥그런 우물처럼 드러났고 그 안에 총총한 별밤이 펼쳐졌다. 우리는 카시오페이아와 페가수스, 페르세우스, 큰 곰, 작은 곰, 그리고 안드로메다까지 알고 있는 별자리를 죄다 늘어놓으며 이야기꽃을 피웠다. 어느 순간 흥이 오른 세 사람은 경쾌한 노래를 틀고 춤까지 추었다.

―

 희망이란 앞에 보이는 대상이 아니라 지나온 시간이 헛되지 않음을 아는 마음이라고 한다. 바라는 대로 이루어지지 않아도 걸어온 길이 무언가를 만든다고 믿는 마음, 그게 희망이다. 그 밤 희망으로 우리는 천문대를 올랐지. 허탕을 치더라도 다른 게 온다고 믿었지. 어느새 나는 희망을 아는 사람이 되었다. 미지로 걸음을 옮기는 용기가 생겼다. 내 앞의 아이가 온몸으로 희망을 보여 주기 때문이다. 바라는 대로 이루어지지 않아도 뜻밖의 배움과 즐거움을 얻을 수 있다는 걸 아이와의 생활이 알려 주었다.

 아이는 나라는 틀을 깨고 어른의 관념에 물음표를 던지게 해 준다. 이쪽에서 저쪽으로 나를 넘기고 위아래로 움직여 세상의 또 다른 면모를 보게 해 준다. 흔들림에 어지럽던 시간을 지나 들썩거림을 즐기게 되었다. 아이라는 소란과 혼돈을 통과하며 귀여움과 사랑스러움, 경이와 감탄을 만났다. 시소의 기울기를 내 쪽으로 옮기던 고집과 힘을 풀어 아이의 리듬에 맡기는 법도 터득하면서. 무너져 내리더라도 다시 튀어 오를 걸 믿게 되었으니까. 오늘도 발을 구른다. 뜻대로 되지 않는데도 미지의 생성을 즐길 수 있다.

가끔은 내 삶이 엉뚱하게 느껴진다. 예전의 나라면 시도하지 않았을 길로 걸음을 딛고 있으니까. 그러다 막막해지기도 하지만 무겁게 진지해지는 대신 틀려도 괜찮고 넘어져도 된다고 가볍게 마음먹는다. 하지 않을 이유를 찾는 대신 조금 더 시도해 볼 용기를 구한다. 마음이 가라앉더라도 다시 올라갈 수 있다고. 아이와 마주하지 않는 순간에도 시소 타는 법을 생각하면서, 오르락내리락하는 리듬을 기억하자.

# 삶이 주는
# 보너스 같은 것

알이 작고 상처가 많은 딸기
설탕과 레몬
잼이 졸아들길 기다리는 묵근한 마음

딸기잼을 만드느라 점심이 늦어진 주말, 슬며시 다가온 아이가 말한다.

"엄마, 밖에 나가서 파스타 먹고 싶어."

남편은 외출했고, 안 그래도 나가서 밥을 먹어야겠다 생각하던 참이다. 고민할 필요 없게 아이가 메뉴를 골라 주어 반갑다.

며칠 새 여리고 작은 연둣빛 잎사귀들이 무럭무럭 자라나 크기와 볼륨을 늘렸다. 매일매일 초록의 농도가 짙어진다. 얼마 전 봄이 시작된 것 같은데 벌써 여름의 문턱을 앞두고 있다. 아이와 같이 걷는 사이 내 걸음의 폭과 속도는 아이에게 맞추어졌고, 그 덕에 평소라면 지나치고 말았을 소담하게 귀여운 구석을 날마다 마주친다. 어제는 무려 세 팩에 8천 원인 딸기를 만났다. 이런 보너스라면 놓칠 수 없지, 하며 양손에 딸기를 들고 돌아왔다.

상처가 없는 것은 골라 먹고 알이 작은 딸기로는 잼을 만들었다. 물에 헹궈 하나씩 꼭지를 잘라내 큰 냄비에 담았다. 시중에서 파는 잼에 비해 덜 달도록 설탕을 조절하고 낮은 불에서 뭉근하게 끓였다. 서서히 딸기가 잠길 만큼 물이 차오르다 언제 줄까 싶을 때쯤이면 절반으로 졸아 있다. 잼 만들기는 시간이 들어가야 하는 일, 시간을 쏟으면 순리대로 완성되는 일이다. 마지막에 레몬즙을 넣어 새콤하게 마무리했다. 사용하고 씻어 두었던 유리병을 찾아 딸기잼을 담았다. 냉장고에 잘 보관하면 여름까지 지난봄의 향을 추억하며 딸기잼을 먹을 수 있겠지. 토스트에, 차가운 탄산수에, 플레인 요거트에 더해 먹으며 지난 계절의 즐거움을 보너스처럼 누릴 것이다.

―

몇 해 전 봄날에도 아이가 가고 싶다는 파스타 집엘 갔었는데. 밖으로 나서자 따사로운 봄볕이 쏟아졌고 아파트 단지를 나서 골목을 걷는 사이 기분이 산뜻해졌던 기억이 난다.

식당에 도착해 아이가 좋아하는 파스타와 피자를 먹고 꽃집으로 향했다. 며칠 외출을 못 해 답답하던 터, 꽃으로 그런 생활을 위로할 참이었다. 마침 가려던 꽃집은 문이 닫혀 있었지만 괜찮았다. 봄볕을 쬐고 골목을 걷는 사이 꽃이 없어도 마음만은 이미 꽃을 든 사람처럼 환해져 있었으니까. 날씨가 좋으니 놀이터에서 놀다 들어가기로 했다. 그때 아이는 팔에 깁스를 하고 있었지만 그런 불편함 따위 아랑곳하지 않고 그네를 타고 놀이터 한가운데서 뱅글뱅글 돌며 몸을 움직였다. 벤치에 앉아 그 모습을 바라보는 내게 아이가 다가왔다. 아이를 내 무릎 위에 앉히고 다리를 들썩거려 보았다. 다리가 움직이는 리듬을 따라 몸이 출렁거리자 아이는 재미있다며 '까르르르르' 웃음을 터뜨렸고. 그 웃음이 고요하고 나른한 봄날의 오후로 폴폴 날아올랐다. 실바람이 불어와 내 볼을 간지럽혔다.

당시의 내겐 회사원들처럼 시간을 채워 앉아 있어야 하는 사무실도, 마감을 지켜 끝내야 할 업무도 없었다. 경제 활동을 하지 않는 대신 그만큼 자유로웠다. 아이를 돌보는 일에 매여 있지만 마음먹기에 따라 유동적으로 시간을 쓸 수 있었으니까. 그런데도 뜻하는 일에 몰두하기 어렵고 눈에 보이는 성과는 없으니 삶을 낭비하고 있다는 불안이 수시로 몰려왔다. 남들이 인정해 주는 일을 하며 경력을 쌓고 싶어 조급증이라도 일면 자신이 한없이 무능하게 여겨져 우울했고. '이 시간은 무엇이 될까…….' 막막하고 답답한 심정으로 스스로에게 묻고는 했다.

그랬는데, 놀이터에 있던 그 오후에는 이런 확신이 내게 왔다.

'이런 게 진짜 삶이지!'

나도 모르던 내 안의 내가 그렇게 외쳤다. 오후 2시의 햇살과 바람, 대기를 채운 나른한 감각, 무릎 위에서 웃음을 피어 올리는 아이의 명랑함, 그 모든 걸 온전히 누리는 게 진짜 삶이라고. 오직 한 번, 지금 이 순간 존재했다 사라지는, 돈으로도 살 수 없는 삶의 기쁨을 두 손 가득 받아들고 있었으니 말이다. 그 모든 것이 내가 견디는 시간에 대해 삶이 건네는 보너스 같았다.

삶이라는 무대의 뒤 아무도 주목하지 않는 한구석에 있지만 그런 내게도 삶은 귀한 걸 나누어 준다. 무대 위나 앞에 있는 사람들에겐 보이지 않는 자잘한 기쁨이 보너스처럼 내게 온다. 그러니 두둑한 월급이나 잘나가는 커리어가 없더라도 삶의 맨 얼굴을 알아보고 웃을 수 있는 지금의 내 삶도 괜찮아 보였다. 나와 아이, 포개어진 다리와 손, 나란한 걸음 사이로 쌓이는 다정의 가치를 더 믿어 보고 싶었다.

빨간색과 초록색으로 한 쌍의 의자가 달려 있던 그네에 그날따라 초록색 하나만 덩그러니 남았다는 걸 다른 사람들은 알까. 내가 다리를 들썩이는 것만으로 아이를 웃길 수 있고 그런 나를 바람이 연인처럼 다정하게 쓸어 주었던 것도. 아이와 나, 우리 둘만 보고 듣고 느낄 수 있었던 비밀한 찰나였다. 숫자로 환산할 수 없는 내게만 가치 있고 빛을 내보이는 순간. 그런 비밀스러운 순간을 모으는 삶이 아름답다는 생각이 들었다.

그날 이후 아이와 보내는 일상을 더 정성 들여 바라보게 되었다. 삶이 내게 준 보너스니까 그걸 잘 모아야겠다고. 그렇게 내게 오는 작고 귀여운 순간을 글로 기록했다. 날마다의 자잘한 기쁨으로 일기장이 채워지고 일기장의 권수가 늘어갈수록 비밀을 모으는 내 삶이 좋아졌다. 절망하거나 슬픈 날이 오더라도, 글을 쓰면서 빛의 자리로 한 발 내디뎌 볼 용기가 내게 있다는 걸 기억할 수 있었다.

글은 사색의 시간을 지나 만들어진다. 오래 바라보며 표면에 드러나지 않는 것을 탐색하는 시간을 요구한다. 글을 쓴다는 건 시간을 들여 생각의 생각, 심상의 심상을 꼬리 물 듯 이어가는 일. 시간과 노력을 들이는 만큼 글의 주제는 돋아나고 글의 이곳저곳에 적당한 음영이 지고 여운이 스민다. 생각을 공들여 다듬을수록 말끔한 문장, 좋은 글이 탄생한다. 겉으로는 아무것도 하지 않는 듯 보이는 사색의 시간, 무용(無用)의 시간을 보내야 글은 무르익는다.

이토록 무용해 보이는 것이 글쓰기지만 삶의 가치를 길어 올리는 방법으로 글쓰기만 한 걸 알지 못한다. 자신과 생활을 돌아보며 질문하고 답을 찾으며 글을 쓰는 사이 투박한 삶이 다듬어진다. 글을 통해 사라져 버리는 시간을 붙잡고 소중한 것을 간직하기도 한다. 글로 적지 않았다면 봄날 오후의 일을 오래도록 기억할 수 있었을까, 그 순간 내게 왔던 확신을 명확하게 헤아릴 수 있었을까. 내게 글쓰기는 모호한 생각에 윤곽을 입히고 모난 자신을 둥글리며 삶에 공을 들이게 해 주는 일, 주름 잡힌 마음을 반듯하게 펼쳐 삶을 사랑하게 하는 일이다. 글쓰기는 사랑하기의 다른 이름이자 사랑의 실천이다. 무용함에 시간을 허비하는 일이 아니라 무용의 의미를 헤아리는 일이다.

무용하다고 여겨지는 것들이야말로 삶에 미감을 부여한다. 세상에는 아무것도 아닌 채로 가치 있는 것들이 있다. 빛과 공기, 꽃과 나무, 새의 날갯짓과 아이들의 명랑한 소리, 고양이의 나른한 기지개와 강아지의 흔들리는 꼬리처럼 인간의 척도로 재단할 수 없어 더 아름답고 귀한 것들이. 무용해질수록 아름다워지는 것, 무용을 견디며 가치를 덧입는 대상을 발견하는 데 삶의 비밀이 있는지 모른다. 그건 쓸모를 따지지 않고 오래 바라봐야 찾을 수 있다. 그러기 위해 명함 없는 나의 삶과 글쓰기를 넉넉하게 사용한다. 그걸 두고두고 하고 싶은 일이라 적는다.

—

파스타를 먹고는 아이의 말을 따라 카페까지 들른다. 일요일이고, 오래 걷고 싶은 화창한 봄날이니까. 카페 창가 쪽 테이블에 아이와 나란히 앉는다. 커다란 창으로 투명하게 쏟아지는

빛이 유리컵에 닿아 테이블 위로 무늬를 그린다. 촘촘하게 예쁜 레이스 무늬를. 아이가 요리조리 컵을 움직일 때마다 레이스 무늬의 패턴이 바뀌고 나는 어두운 나무색 테이블 위로 아롱거리는 레이스와 거기에 골몰해 진지한 아이의 얼굴을 하염없이 바라본다.

놀이터에 가만히 앉아 있던 봄의 오후처럼, 카페에서 보내는 이 오후는 아무것도 아닌 시간일까. 어제의 아이가 그리워 매 순간 표정이 달라지는 아이 얼굴을 유심히 들여다보는 나는, 내일의 나를 위해 오늘을 기억하려 애쓰는 사람이다. 쓸모없는 것에서 아름다움을 찾아내는 게 특기이자 취미가 되어버린 나는, 소소하게 좋아하는 게 많고 순간에 몰입하는 재능이 있다. 그게 다 무슨 소용이냐고 묻는다면 그래서 아이와 손잡고 걸을 내일 오후의 골목이 벌써부터 기대된다는 말밖에 할 수 없지만. 나는 오늘도 삶이 주는 보너스를 아낌없이 받으며 좋아하는 것의 목록을 늘려 간다. 그것이 나만의 방식으로 삶에 희망을 입히는 일이다.

쓰면서 사랑하게 된 날들

## 2부 쓰면서 사랑하게 된 날들

## 아낌없이
## 소진하는 삶

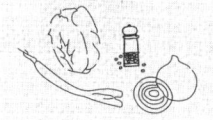

베이컨  양파  따
알배추  소금  후추  올리브오일
내게 오는 것 충실히 품어 아낌없이 내어 줄 준비

저녁 찬거리로 알배추 하나를 사 두었다. 배추를 꺼내 반으로 자르고 소금, 후추, 올리브오일 살살 뿌려 프라이팬에 굽는다. 센 불에서 앞뒷면 색을 내고 다시 뚜껑 덮어 중약불에서 속을 익히고. 그러는 사이 냉장고에 남아 있던 베이컨과 양파, 파를 꺼낸다. 잘게 다져 알배추 익어가는 팬의 한 옆에서 볶는다. 내 손에서 재료들이 다듬어지고 익어가는 잠잠한 과정이 좋다. 미래를 예측할 수 없는 길고 복잡한 삶에서 간단 명료하게 진실을 마주하는 순간이라서. 과정에 충실하면 어김없이 그럴듯한 결과를 볼 수 있기 때문이다. 짧은 순간이지만 공을 들이면 내 손으로 기쁨 하나 지을 수 있다.

구운 알배추 위에 볶은 베이컨과 야채를 올린 것만으로 근사한 요리가 완성된다. 베이컨 조각을 알배추 잎에 올려 돌돌 말아 먹으니 배추의 달콤함과 짠맛이 어우러져 맛있다. 손바닥만 한 배추지만 조밀하게 들어찬 잎사귀로 속이 꽉 차 있다. 그 안에 담긴 넉넉함 덕분에 배추 한 알로 식탁이 풍성해진다. 흙과 공기, 해와 비, 바람과 벌레, 자신에게 오는 손님을 배추 한 알이 잘도 품었구나 싶다. 오가는 것들 촘촘히 들여 성실히도 자랐다. 한자리에 붙박여서도 내게 오는 것들 충실히 품으면 이렇게 넉넉한 존재가 될 수 있음을, 알배추 하나가 알려 준다.

—

낮에는 귀찮아하는 아이를 달래 서울숲으로 향했다. 입구에서부터 아름드리나무가 줄지어 서 우리를 맞았다. 색을 갈아입은 커다란 나무들은 바람이 불 때마다 머뭇거리지 않고 잎사귀를 떨구었다. 그렇게 떨어진 낙엽이 카펫처럼 바닥을 덮고 바삭하게 말라갔다.

지난주를 지나며 이 계절이 사그라들 시점에 다다랐다고 짐작했다. 노랗고 붉게 물든 잎사귀에서 뿜어져 나오는 기운이 예사롭지 않았다. 빛이 절정에 달했다는 건 끝이 멀지 않았다는 의미. 주말 사이 남은 계절을 충만하게 써야겠다고 생각했다.

서울숲 모래 놀이터에는 기다란 미끄럼틀이 하나 있는데 그걸 타려고 줄을 선 아이들이 미끄럼틀만큼 길게 늘어섰다. 처음엔 머뭇거리던 딸아이가 한번 미끄럼틀을 타 보고는 얼굴 가득 환한 웃음을 지었다. 미끄러져 내려오는 사이, 속도의 경쾌함이 두려움을 황홀함으로 바꾸었을까. 아이는 새로운 세계를 발견한 탐험가처럼 다시, 또다시 용감하게 미끄럼틀 꼭대기로 올라갔다. 미끄럼틀 꼭대기에 닿기까지 밧줄을 잡고 경사면을 오르거나 수많은 계단을 오르는 일이 더이상 수고로운 일로 보이지 않았다. 하강의 짜릿함을 즐기기 위해 기꺼이 통과해야 하는 과정이자 도전이었다.

자기만의 도전을 거듭하면서 아이는 성취감을 맛보고 있었다. 처음에는 미끄럼틀의 난간을 두 손으로 꽉 붙잡고 탔지만 몇 번 거듭한 후엔 손을 놓아 버리면서. 횟수가 더 지나자 누워서 타길 시도하면서 자신의 담력을 시험했다. 미끄럼틀 아래 서서 아이가 도전하는 모습을 지켜보았다. 자신의 시도를 성공시키고 기쁘게 내려오는 아이를 한껏 반겨 주었다. 내 아이의 얼굴뿐만 아니라 차례로 미끄러져 내려오는 모든 아이들의 얼굴에서 한시도 눈을 뗄 수 없었다. 조그만 얼굴에 가득찬 환희가 나를 사로잡았다.

"와아—!"

웃음꽃 활짝 핀 그 얼굴들 눈에 담을수록 내 안에서도 똑같은 꽃이 피어올랐다.

아이들로 바글거리는 소란이 놀이터를 가득 채웠다. 그 소란스러움으로 흥겨운 분위기가 한층 고조되었다. 어디를 둘러봐도 대충, 적당히 노는 아이는 한 명도 없었다. 아이들의 경쾌한 소란은 어른들의 소란과 달리 무엇도 해하지 않는 희맑은 것이라 좋았다. 가볍게 떠올라 마음을 간지럽히고는 사뿐히 흩어져 버리는 떠들썩함은 바람이 불면 무게도 없이 쏟아져 날리는 나뭇잎의 움직임과도 닮았다. 나뭇가지 사이로 들이쳐 그늘진 자리의 한기를 말끔히 닦아 주는 햇살의 기운과도 비슷했다. 온 마음을 다해 미끄러져 내려와서는 벌떡 일어나 다시 달려나가는 아이들. 작은 몸으로 자신이 낼 수 있는 모든 용기를 뭉쳐내는 아이들. 미끄럼틀 아래에 서서 내려오는 아이들 한 명 한 명을 꼬옥 끌어안고 싶었다. 이마에 배어 나온 땀을 쓸어 주며 얼굴을 맞댄 채 환한 숨을 공유하고 싶었다.

아이들 노는 모습에 홀리고 바람이 불면 서슴없이 몸을 던져 낙하하는 잎사귀를 바라보는 사이, 바랄 것 없고 욕심내지 않는 마음이 찾아왔다. 나를 위해 삶을 쓰고 싶어 시간을 떼어 놓으려는 조바심도 사라졌다. 어제에 대한 미련도 내일에 대한 걱정도 잊혔다. 아무리 애를 써도 아이들이 분출하는 환희는 지어낼 수 없을 것 같았는데 아이를 위해 배경처럼 서 있는 순간만큼은 내 안에서도 그런 환희가 솟아났다. 아이들이 발산하는 에너지에 흠뻑 젖어 그처럼 웃었다.

순진무구한 표정으로 놀이에 빠져 있는 아이를 따라 인심 좋게 시간을 써버리는 통에 저물어가는 계절마저 아깝지 않았다. 원 없이 낙엽을 밟고 가을 오후의 다정한 햇살을 흡수하면서 남김없이 이 계절을 사용했으니. 내게 조건 없이 주어진 것들 아낌없이 써 버릴 때 우리는 아이들처럼 '환희의 인간'*이 된다. 기꺼이 삶을 사랑하고자 하는 의지가 솟고 나를 내어놓고자 주저 없이 팔을 벌리게 된다. 내 앞에 당도한 기쁨과 아름다움을 의심 없이 받아들일 때마다 삶은 나도 모르게 저만의 색으로 물들어갈 것이다.

  나무 덕분이었다. 하늘에 닿을 듯 높고 커다란 나무들을 보면 우리가 얼마나 작고 미약한지 알 수 있다. 나무들은 계절의 순리에 따라 때가 되면 붉게 타올랐다 아쉬움 없이 자신의 모든 것을 떨군다. 다가오는 것들 고스란히 받아들여 푸르름과 그늘, 그리고 열매를 만들고 겸허히 빛을 내다 사그라드는 나무의 모습이 아름답다 못해 거룩하다.
  나무에 비하면 우리가 살아가며 하는 일은 아무것도 아니라는 생각이 든다. 저렇게 크고 단단해 보이는 존재조차 시간과 계절의 흐름에 순응하는데 나처럼 미약한 인간이 괜한 일에 고집을 부리고 애를 쓰는 건 얼마나 부질없는 일일까 싶고. 그러니 나무처럼만, 내게 오는 것 반갑게 맞고 새와 벌과 나비, 바람과 햇살과 더불어 삶을 아낌없이 소진하고 싶다. 내게 주어진 삶의 순간들 잘 받아들여 그로써 그늘과 열매를 맺고 언젠가 빛을 낼 수 있다고 믿으면서. 그러면 춤추듯 흩날리는 물든

\* 크리스티앙 보뱅, 이주현 옮김, 『환희의 인간』(1984books, 2021).

잎사귀처럼 누구도 해하지 않으면서 순진하게 아름다운 몸짓을 지을 수 있지 않을까. 오래된 원목 가구처럼 나만의 색으로 짙어가지 않을까.

미진한 존재라는 깨달음이 온전히 이 계절을 즐기고 받아들이면 되겠다는 여유로 바뀌었다. 아이와 뛰어다니며 공놀이를 하고, 미끄럼틀 타며 환호하는 아이를 지켜보고, 곱게 물든 나무를 바라보았을 뿐인데 다시없을 충만한 시간을 보낸 기분. 그것뿐이라 좋고, 그것밖에 없어 충분한 순간. 계절이 돌아 가을은 다시 올 테지만 오늘 이 순간만은 오직 한 번뿐이기에, 결코 다시 오지 않을 걸 알아서 망설임 없이 발을 담근다. 그럴 때 우리는 어떤 지극함에 닿는다. '환희의 인간'이 된다.

단풍이 절정이더니 하룻밤 새 비가 요란하다. 내일 오후에는 눈을 볼지도 모른다고 한다. 한순간 영원할 듯 열렬하다가도 주저 없이 사라지는 것이 자연의 이치인가 보다. 눈앞의 계절은 아낌없이 내어 주고 다음의 계절로 녹아든다. 아름다움만 그리다 보이지 않는 자국만 남긴다. 그렇게 나이들 수 있다면 더 바랄 게 없겠다고 중얼거린다.

—

샤워를 마치고 잠잘 준비를 하는데 '똑똑' 현관 두드리는 소리가 들렸다. 문을 여니 아파트 옆 동에 사는 딸아이의 친구 지훈이와 동생 시훈이가 잠옷 바람으로 그림책 한 권과 과자 한 상자를 들고 서 있다. 책을 주러 왔다면서. 우리집이 1층이라 오가다 들러 먹을 걸 주고 가기도 하는데 형제는 오늘도 편의점을 다녀온 걸까. 잠잘 밤에 외출을 하고, 편의점에서 과자를 사고, 친구네 집 문 살살 두드려 이름을 부르는 일. 아이들에겐 이 모두가 간지러운 놀이일 테지.

명랑한 아이들이 어여뻐 나까지 마음이 들썩거렸다. 점퍼 아래 내복 바지 빼꼼 드러나 있는 형제의 모습이 어찌나 귀엽던지. 받기만 할 수 없어 서둘러 그림책 한 권을 골라 건네주었다. 잠자리에서 잘 읽었으려나. 딸아이와 둘이서 형제가 선물해 준 『변기 아저씨』를 배꼽 빠지게 웃으며 읽었다.

노랗게 구워진 알배추, 자갈 굴러가듯 경쾌한 아이들 소리로 들썩거렸던 놀이터, '서윤아' 부르는 친구들 목소리. 이런 순간을 영화의 스틸컷처럼 내 삶에 저장한다. 거듭 돌려 보고 싶은 '나만의 영화'가 만들어지는 중. 문 앞에 서 있던 내복 차림의 형제도 꼭 넣어야지. 아이들이 주고 간 '빠다코코낫' 과자는 찰떡 같은 소품이 되겠지.

우리에게 다가오는 모든 장면들 아낌없이 누려야겠다. 애써 찾으려 먼 곳을 바라보는 대신 내 앞에 놓인 일상과 사람들, 눈앞의 풍경에 살뜰히 시선을 맞대야지. 자연스레 오는 것들 정성 들여 품고 나만의 빛으로 물들어야겠다. 가만히 서서 시간과 빛으로 노랗고 붉게 타올랐던 나무들처럼. 그러다가도 모든 걸 홀연히 내려놓는 겸허한 뒷모습까지 닮을 수 있을까. 내 주변으로도 시간과 빛이 성실히 지나고 내린다. 내게 오는 이 삶을 충실히 누리고 소진할 것이다. 소진되어 맺히는 환희의 조각이 삶을 밝혀 줄 테니까.

# 복숭아와 여름

복숭아 혹은 가장 좋아하는 과일
달걀  버터  밀가루  설탕  생크림  타임  레드커런트
사소하고 평범하지만 내일을 기대하게 하는 것

부엌 수납장을 열어 밀가루와 설탕을 꺼낸다. 아주버님의 생일 케이크를 만드는 날이다. 냉장고에서 버터와 달걀을 꺼내 아일랜드 식탁 위에 둔다. 저울 위에 체를 올린 볼을 놓고 영점을 맞춘 뒤 아이에게 일러 준다.

"여기 숫자가 110이 될 때까지 밀가루를 담아 봐."

밀가루를 계량 컵에 담아 저울 위 볼로 쏟는 아이의 손놀림은 거침이 없다. 툭, 툭, 밀가루가 쏟아질 때마다 눈처럼 하얀 가루들이 포르르 허공으로 날아오른다. 밀가루를 덜고 아이에게 체를 쳐 보라며 알려 준다. 체 가장자리를 살짝 쳐서 흔들면 하얀 가루가 체의 작은 구멍을 통과해 아래로 떨어진다고. 그렇게 뭉친 가루를 풀어 주고 가루 사이로 공기를 넣어 주는 거라고. 그 사이 아이의 손과 옷에, 밀가루가 하강하는 볼 주변으로 뽀얗게 가루가 앉는다.

　달걀을 담은 볼은 뜨거운 물을 넣은 볼에 겹쳐 올려 중탕으로 휘핑한다. 보드랍고 폭신한 제누아즈를 만들기 위해서는 달걀을 따뜻하게 해서 가능한 한 많은 공기를 불어넣어야 한다. 거품을 풍부하게 내려고 핸드 믹서를 꺼낸다. 노랗던 색이 연한 레몬빛이 되도록, 물처럼 흐르던 달걀이 구름처럼 몽실해질 때까지 휘핑한다. 달걀이 변하는 모습이 신기한지 아이가 "나도 해 볼래!" 하고 외친다. 묵직한 핸드 믹서를 두 손에 쥐여 주니 그 진동이 간지럼이라도 태우는 듯 아이는 '깔깔깔' 웃음을 터뜨리고. 그러고 보니 케이크에서 가장 중요한 재료는 공기 같다. 공기, 애트모스피어(atmosphere). 오늘 케이크에 들어가는 공기는 유난히 더 가볍게 나풀거린다. 아이의 설렘과 즐거움으로 위로 떠오르려는 공기를 채집해 넣어 그 어느 날보다 한껏 반죽이 부풀어 오를 것이다.

　휘핑한 달걀에 녹인 버터와 밀가루를 섞어 재빨리 오븐에 넣는다. 뜨거운 열기로 반죽 사이 숨죽인 공기들이 기지개를 켤 테지. 1층 높이의 반죽이 2층 높이로 배가 되겠지. 오븐에서 퍼져 나오는 따스하고 달콤한 향이 주방에 번진다. 냉장고에서 색이 고운 복숭아를 골라 물에 씻어 껍질을 벗긴다. 복숭아를 도마 위에 잘라두면 아이의 손가락이 조심스레 복숭아 조각을 날라 접시 위에 가지런히 쌓는다. 준비를 마친 복숭아 위로 키친타월 한 장을 이불처럼 덮어두고 생크림을 휘핑한다. 이번에도 공기가 필요하다.

"우리 둘의 다정한 공기를 모아 넣으면 마법처럼 크림이 변할 거야. 물처럼 흐르던 크림이 솜사탕처럼 포근해지고 납작하던 맛에 두께가 생겨. 어떤 맛을 넣어 볼까."

"바람의 맛, 여름의 맛, 손가락의 맛? 서윤이 맛, 엄마 맛……. 아빠 맛은 어때?"

우리의 대화가 생크림 속으로 흘러들어 간다. 이번 크림은 와글와글 소리를 내며 녹아내릴 것 같다.

구워진 반죽을 꺼내 세 장으로 자르고 아이가 시트 사이로 손쉽게 채울 수 있도록 휘핑한 크림을 짤주머니에 담아 준비한다. 시트 위로 크림을 짜고 잘라 놓은 복숭아를 올리고 또 시트 한 장을 올리고 크림을 짜고……. 울퉁불퉁한 크림을 스패츌러로 다듬으려 하니 해 보고 싶다고 아이가 손을 뻗는다. 뭐든 자기가 하겠다고 성화다. 그런 아이의 속도에 맞추느라 작업은 더디다. 생크림은 온도가 높아지고 마찰이 많을수록 거칠어지는데 아이는 그런 것 따위 아랑곳하지 않고 만지고 만지고 또 만진다. 크림이 녹든, 모양이 일그러지든 개의치 않는다. 그저 자신의 손놀림에 흠뻑 빠져들어 이 순간의 공기처럼 존재한다.

케이크 윗면은 복숭아 조각과 타임, 레드커런트로 꾸민다. 아이는 고사리 같은 손으로 케이크의 윗면을 어여쁜 숲으로 만든다. 삐죽 솟아오른 타임은 수풀 같고 군데군데 수북이 쌓인 레드커런트가 빨갛게 빛을 발한다. 복숭아 씨앗보다 작던 아이가 어느새 자라 복숭아 숲 같은 케이크를 만든다.

—

2015년 나는 회사를 그만두었고 남편은 휴직을 했다. 그리고 세 달간 여행을 다녀왔다. 여행의 막바지에는 기록적인 더위로 느슨하게 풀어져 나날을 보냈는데 나와 남편의 손에 자주 납작한 복숭아가 들려 있었다. 작고 딱딱하지만, 무척 달고 향긋했던 복숭아. 여정을 끝내고 돌아온 일상에서도 한동안 여행하듯 살았다. 여름의 한복판이던 서울에서도 우리는 날마다 복숭아를 먹었고. 동네 마트에서 복숭아 한 상자를 사다 한 알씩 깎아 먹으면서 무더운 여름날을 하나씩 지웠다. 바람의 그림자에 찬 기운이 감도는 가을의 입구에서 반가운 소식을 들었다. 기다리던 임신이었다.

콩알만 한 아이를 배 속에 품고 '복숭아야'라고 속삭였다. 보드랍고 하얀 속살을 가진 복숭아, 발그레한 소녀의 볼처럼 고운 얼굴의 복숭아. 여름내 먹었던 복숭아 중 하나가 내 안에 싹을 틔운 것 같았다. 배 속 아가가 복숭아처럼 곱고 보드랍고 어여쁘게 자랐으면 싶었다. 복숭아 속살처럼 말갛게 고운 심성을 가진 아이가 되면 좋겠다고 생각했다. '복숭아야' 하고 부르는 사이 태명은 '숭숭이'가 되었고, 아가는 태어나고도 걷고 말할 무렵까지 '슝슝이'라고 불렸다. 아이를 '슝슝이'라고 부르는 사이, 이름 너머로 복숭아의 이미지가 둥둥 떠다니지 않았을까.

  아가는 한 개의 복숭아였다. 해마다 여름이면 복숭아와 마주 앉아 복숭아를 먹었다. 매해 아이와 같이 먹은 복숭아를 사진과 일기로 기록했다.

올여름의 복숭아도 작년처럼 달고 달다. 단물이 흐를 정도로 잘 익은 복숭아도, 아삭하게 씹히는 단단한 복숭아도, 가릴 것 없이 참 맛있다. 수줍은 소녀의 발그레한 볼 같은 복숭아 껍질, 아가의 살결같이 새하얀 속살, 참 예쁜 과일.
복숭아를 먹으면 기분이 좋아진다. 아가가 잠이 들면 남편이랑 둘에서 복숭아 두 개를 깎아 사이좋게 나눠 먹으며 여름밤을 보낸다. 복숭아가 있어 더운 여름이 덜 밉다.
— 2016. 8. 6. 일기 중

"복숭아가 복숭아를 맛있게 먹네. 슝슝아, 네 이름도 복숭아야." 하는 엄마의 말을 아이는 이해했을까.
달고 보드랍고 예쁜 그 과일을 아이는 꼭 그렇게 달고 보드랍고 예쁘게 먹었다.
오늘도 퇴근하는 남편 손에 복숭아 한 상자가 들려 있었다.
— 2017. 8. 3. 일기 중

2018년 봄에는 '느린산책'이라는 이름으로 베이킹 스튜디오를 열었다. 회사에 다니면서 취미로 베이킹을 배웠고 직장 생활에 회의가 들 때면 작은 가게를 열 언젠가를 상상하며 기운을 북돋웠다. 컴퓨터 화면에 찍어 넣는 숫자나 제품의 판매량, 추상적이라 와닿지 않는 수익이 아닌, 내 손으로 직접 만든 무언가를 사람들과 나누고 싶었다. 과정이 결과로 고스란히 드러나는 베이킹을 통해 내가 받았던 위로와 기쁨을 사람들에게도 알려 주고 싶었다. 자연스레 퇴사라는 결정에 닿았고 힘들더라도 꼭 해 보고 싶었던 일이라 용기를 낼 수 있었다.

무언가에 공을 들일 때의 마음이 나와 생활을 다듬고 어루만져 준다. 분주한 하루, 쉼표처럼 찍히는 공들임의 순간이 일상에 단단한 기쁨과 위로를 건넨다. 일기장에 짧은 글을 적거나, 커피 한 잔을 두고 숨을 고르고 느린 걸음으로 산책할 때, 좋아하는 사람과 대화를 나누거나 선물을 고를 때처럼 사소한 일에 집중하는 사이 얻게 되는 다정과 온기를 좋아한다. 베이킹을 할 때면 그런 다정과 온기를 내 손으로 짓는 기분이었다. 과자와 케이크에 그 마음을 담고 싶었다. 나와 당신의 마음을 잠시나마 토닥이고 밝혀 줄 휴식 같은 순간을 굽고 싶었다.

베이킹 스튜디오를 운영하면서 케이크와 구움 과자를 주문받아 판매했다. 한적한 골목 안 간판도 제대로 달지 않은 가게. 그런 가게를 알고 찾아와 주는 사람들 한 명, 한 명이 귀하고 감사했다.

―

　느린산책을 열고 맞은 첫 여름, 복숭아로 생크림 케이크를 만들었다. 아낌없이 과일을 넣었다. 그때 받았던 주문 하나가 유난히 반짝였던 별똥별처럼 기억에 남았다. 아빠 생신이라며 어떤 케이크가 좋을지 물어왔던 손님. 휴대폰으로 문자 메시지를 주고받으며 고심 끝에 복숭아 케이크를 골랐다. 아빠를 위해 특별한 케이크를 준비하고 싶어 하는 그분의 마음이 느껴져 재료를 준비하는 내 마음도 각별했다. 케이크에 들어갈 복숭아는 너무 단단해도, 지나치게 물러서도 안 되는데. 잘 익어 단맛이 질으면서도 모양은 흐트러지지 않게 다부진 것으로 신경 써서 골랐다.

　흠 없이 고운 복숭아만 골라 적당한 크기로 잘랐다. 제누아즈와 크림 사이 빼곡하게 과일 조각을 채우고 생크림 안에도 복숭아 살을 갈아 넣었다. 한 입 먹으면 복숭아의 향긋한 향과 맛이 입안을 가득 채울 수 있게. 케이크를 만드는 사이 돌아가신 아빠 생각이 났다. 우리 아빠도 복숭아를 좋아하셨지. 생신을 맞은 아빠에게 기억에 남는 선물을 하고 싶은 그분의 마음이 내 것 같아 어디서도 맛본 적 없는 케이크를 전해 드리고 싶었다.

　이십 대로 보이는 여성 둘이 케이크를 받으러 왔다. 두 사람은 별다른 말 없이 공손하게 케이크 상자를 받고 가게를 나

섰다. 그랬는데 문밖 모퉁이에 멈춰 서 깡총깡총 토끼처럼 발을 굴렀다. 좋아서 어쩔 줄 모르는 여자아이들처럼 온몸으로 표현하는 기쁨이라니. 그 모습에 일순간 빛이 들이치듯 눈앞의 세상이 환해졌다. 늦은 오후, "너무너무너무('너무'가 세 번이나 들어가 있었다) 맛있게 먹었어요!"라는 인사 메시지가 날아들었다. 복숭아처럼 달콤한 말이었다.

―

저녁이 되어 친척들과 모여 앉아 아이가 만든 복숭아 케이크를 나누어 먹는다. 복숭아 맛이 가득이라고 모두 입을 모아 칭찬한다. 복숭아와 복숭아를 나누어 먹던 여름이, 복숭아가 만든 복숭아 케이크를 먹는 여름이 되었다. 앞으로도 무수한 여름이 복숭아와 함께 우리를 지나겠지. 복숭아 때문에 무더운 여름을 기다리고 복숭아로 아이의 처음을 떠올릴 것이다. 일과 삶에 정성을 다했던 마음을 기억하고 삶에서 간직하고 싶은 태도를 되새길 것이다. 반복되는 삶에서 다음의 여름을, 다시 만날 복숭아를 매번 새롭게 기대한다.

추억과 이야기를 담고 소중해지는 사소하고 평범한 대상, 존재만으로 즐거움과 설렘을 건네는 것이 있어 삶을 견딜 수 있다. 우리는 개미처럼 그걸 모아 베짱이처럼 누린다. 내년에도, 그 후년에도 여름이면 딸아이와 복숭아 케이크를, 복숭아

타르트와 복숭아 푸딩을 만들겠지. 매년 먹는 복숭아를 개미처럼 바지런히 기록할 것이다. 시간이 축적될수록 향기 짙어질 복숭아의 기억을 베짱이처럼 노래할 것이다.

쓰면서 사랑하게 된 날들

## 오늘은 엄마가
## 너무 좋아

가자미   감자   올리브오일
소금   후추   레몬
있는 그대로 충분하다는 믿음

아이를 향한 사랑만큼 한결같은 게 있을까. 아이를 키우며 자라기만 하는 사랑이 있다는 걸 알게 되었다. 사랑이란, 햇수가 거듭될수록 닳고 낡아버리는 감정이 아니라 두텁게 쌓이기만 하는 감정일 수 있다고, 한없이 깊어지기도 한다는 걸 아이를 통해 배운다.

그런데도 그 빛깔이 날마다 같은 건 아니다. 아이를 사랑하고 아끼는 마음은 변함없지만, 사람의 일이란, 생활이란, 마음과 달리 말과 행동, 표정을 모나게 만들기도 한다. 아이를 위한다는 이유로 지나치게 애를 쓴 날은 내 수고에 대한 보상을 아이의 반응에서 기대한다. 컨디션이 안 좋거나 하루의 일이 고된 날이면 어쩔 수 없이 표정과 말에 피곤이 묻어나고. 그런 날에는 아이를 향한 시선과 말에 다정과 온기만을 담기가 어렵다.

―

　비가 많은 여름을 보냈다. 연일 비 소식에 폭우가 쏟아져 비를 걱정하는 사이 더워야 할 여름이 지났다. 입추 건너 처서를 앞두자 거짓말처럼 아침저녁으로 선선한 바람이 불었다. 모처럼 해가 든 파란 하늘이 유난히 높았다. 어린이집에서 돌아온 아이가 맥없이 아이패드를 만지작거리고 있던 날. "공원 가자!" 힘주어 내 목소리에 밝은 기운을 불어넣으며 엉덩이를 털고 일어섰다.

　높은 하늘이 맑고 파랬다. 어디서 몰려나왔는지 잠자리 떼가 낮은 비행을 하며 잔디밭 위 허공을 촘촘하게 메웠다. 멀리서 들리는 매미 울음은 한풀 꺾여 있고, 아이들 몇몇이 잠자리채를 들고 뛰어다녔다. 계절이 모퉁이에 다다랐구나. 여름은 얼마 남지 않았고 가을은 멀지 않은 곳에서 시시각각 다가오고 있었다.

　버터를 얇게 펴 바른 듯 저녁의 빛이 은은하게 떨어졌고 하늘 위로 둥실 뜬 구름이 바람에 흩어졌다. 평온하고 아름다운 저녁 풍경은 삶에서 비관할 일이란 없다고 말하고 있었다. 때가 되면 계절은 어김없이 바뀌고 아이들은 언제나 즐거우니. 비가 내리다가도 바스락거리는 해가 들기 마련이고 더위에 지글거리던 대지도 가을 실어 나르는 바람 한 점에 성미를 죽인다.

가만히 서서 한껏 먼 곳으로 시선을 보내는 사이 딸아이는 비눗방울을 만든다고 혼자 자리를 맴돌았다. 그러다 가볍게 떠가는 비눗방울을 부질없이 쫓기도 하면서. 그 모습을 바라보고 있자니 잔잔한 행복의 물결이 소리없이 다가와 내 몸을 감쌌다. 지금 여기서 행복하지 않을 이유가 없었다. 때로는 내게 없는 것이나 누리지 못하는 것을 아쉬워하며 시간을 보내기도 했는데 그러기엔 매순간 흘러가는 삶이 아깝다. 내게 보석 같은 삶은 먼 곳이 아니라 바로 눈앞과 손안에 있으니. 닿지 않는 아득한 곳을 향하느라 정작 손에 쥐고 있는 귀한 것을 잊고 있었던 건 아닐까. 내가 쥐고 있는 것, 고개를 들면 언제든 눈 맞출 수 있는 작지만 또렷한 행복을 제대로 겪고 싶다.

오랜만에 아이와 함께 잔디밭을 거닐고 놀이터에 들러 신나게 뛰어놀았다. 모처럼 일찍 퇴근한 남편까지 합류해 땀을 흠뻑 쏟을 때까지 이어달리기를 했고. 지칠 만도 한데 달리는 재미에 빠져들었는지 아이는 거푸 온 힘을 다해 뛰어나갔다. 그런 아이의 뒷모습이 열렬해 괜히 뭉클했고. 아이가 도착하는 지점에서 두 팔을 활짝 펼치고 있다 달려오는 아이를 와락 끌어안았다. 번쩍 들어올려 품에 안자 아이의 얼굴에 맺힌 땀이 살갗에 닿았다. 끈적하고 뜨거운 그것, 아이의 몸이 발산하는 생명력으로, 삶 속으로 달려 들어가는 에너지로 내 품을 채웠다.

마음껏 놀았는지 아이는 평소보다 기분이 좋아 보였다. 나도 덩달아 즐거웠고 안아 달라는 어리광에도 주저하지 않고 팔을 내밀었다. 집으로 돌아가는 길에도 '안아 줘' 하는 아이의 말이 달콤한 주문처럼 귀를 간지럽혔다. 딱 맞춘 듯 품 안에 포개지는 아이의 몸은 내게도 가장 포근한 선물이니까. 이런 날 아이를 안아 주고 쓸어 주는 일은 나를 안아 주고 쓸어 주는 일 같다.

세 식구 기분 좋게 돌아온 저녁, 경쾌한 기분을 이어갈 수 있도록 메뉴는 무조건 가자미구이다. 냉동실에 있던 가자미를 꺼낸다. 감자를 도톰하게 슬라이스해 그릇의 바닥에 깔아 주고 그 위로 가자미를 통째로 칼집만 내어 올려 오븐에 굽는다. 소금, 후추로 간하고 올리브오일과 레몬즙 듬뿍 뿌려 구우면 올리브 오일이 가자미의 수분을 잡아주어 촉촉하고 보드라운 식감을 즐길 수 있다. 아래 깔아준 감자는 겉면이 바삭하게 익어 아이가 특히 좋아한다. 생선을 좋아하는 나와 남편의 입맛과 아이의 식성까지 한번에 사로잡는 가자미구이는 무엇보다 간편해 우리집 단골 메뉴다.

아이와 같이 뛰어노는 날은 나도 노곤해지는데 이런 날 불 앞에 서 있을 필요 없이 전기 오븐이 익혀 주는 요리가 있다는 건 얼마나 반가운 일인지. 김이 피어오르는 가자미구이를 식탁 가운데에 놓으니 밥과 기본 반찬만으로도 식탁이 푸짐하다. 뛰어놀아 배가 고픈 아이가 부지런히 어설픈 젓가락질을 한다. 우리 부부는 경쟁하듯 아이 밥 위로 가자미 살을 발라 올려 주고. 바삭한 감자도, 보드라운 가자미도 맛있다며 아이가 큰 소리로 외친다.

"오늘은 엄마가 너무 좋아!"

아이가 마냥 예쁘기만 했던 오후, 아이가 그런 내 마음을 읽기라도 한 걸까. 사랑한다고 몇 번을 말해 주고, 몇 번을 되물어야 간신히 마음을 고백하는 깍쟁이가 불쑥 이렇게 외친다.

이 작은 고백을 고이 접어 마음에 간직한다. 그 말에 담긴 아이의 마음이 선명하게 보일 것 같아서. 아이를 통제하지 않고 원하는 대로 놀게 허용했을 뿐 내가 한 것은 아무것도 없었다. 교육적 놀이를 하겠다고 괜한 머리를 쓰지 않고 건강을 생각한다고 힘주어 요리하지 않고. 그래서 힘들지 않았고 피곤하다 얼굴 찌푸릴 일도 없었다.

너에게 아무것도 해 준 게 없는데 너는 그런 내가 너무 좋다고 하니, 너에게 필요한 건 무얼 해 주려고 애쓰느라 피곤한 엄마가 아니라 아무것도 해 주지 못할지라도 웃으며 너를 안아 주는 엄마인가 보다. 무엇도 바라지 않아 무엇을 억지로 하지 않고, 온전하게 사랑만 담아 너를 바라봐 주는 엄마. 아이는 그런 엄마를 원하고 사랑하는가 보다.

내 몸과 마음이 편안하고 즐거운 날엔 의식하지 않아도 아이를 향한 시선에 사랑만 담긴다. 말로 표현하지 않아도 아이는 표정과 태도에서 엄마가 자신을 좋아하고 예뻐한다는 걸 고스란히 느낄 수 있겠지. 안아 달라는 말에 피곤하다고, 힘들다고 하는 대신 기꺼이 팔을 벌리는 엄마에게 무조건적인 사랑을 느낄 것이다. 조건 없이 충만하고 이유 없이 행복을 채우는 사랑을 아이는 본능적으로 알아챈다.

열심히 노는 아이를 흐뭇한 마음으로 바라보는 사이 잘 노는 것만이 주어진 역할의 전부인 아이는 그 역할에 충실했다. 그런 아이를 따스하게 안아 주었던 날, 우리는 각자의 자리에서 자연스러운 모습으로 자신이 되었다. 바람직하다고 여겨지는 모습이 되려고 지나치게 애를 쓰지 않을 때 우리는 서로에게 가장 좋은 사람이 되는지도 모르겠다. 편안한 모습 그대로 서로를 가장 잘 사랑해 줄 수 있고. "엄마가 너무 좋아." 있는 그대로의 내 모습에 가슴 떨리는 고백을 해 주는 아이 덕분에 나는 나를 긍정할 수 있다.

아이에게 특별한 것을 바라지 않는 건 누구보다 나 자신이다. 아이가 학업에 특출하거나 빼어난 재능을 가진 사람이 되길 바라지 않는다. 매일을 자기만의 방식으로 즐겁게 꾸려가길 바랄 뿐. 달리기할 때처럼 즐거운 일에 온전히 자신을 던질 수 있는 사람이면 좋겠다. 그처럼 자신을 믿고 존중해 주는 사람, 내면의 소리에 집중하며 그 이끌림을 따라 꿋꿋이 나아가는 사람, 살아가는 내내 자기 자신으로 마음껏 기뻐하고 충만하게 사랑하는 사람이길 바란다.

그런 사람으로 자라려면 아이에게 어떤 게 필요할까. 엄마로서 무얼 해 주어야 할까. 종종 이런 고민을 했는데 생각을 바꾸어야겠다. 아이는 이미 그런 자질을 가지고 있으니 말이다. 알려 주지 않아도 자신이 좋아하고 즐거워하는 일을 알아채고 놀이에 몰두하면서 마음이 이끄는 방향으로 나아가고 있으니. 엄마인 내가 해 줄 수 있는 건 그런 아이를 가만히 지켜봐 주는 일일 것이다. 아이의 마음이 자신의 흐름을 따라갈 수 있게 믿고 지지해 주는 일일 것이다.

졸졸졸— 경쾌한 소리를 내며 흐르는 맑고 투명한 시냇물이 내 앞에 있다. 냇물을 위해 해 줄 일은 고운 모습 그대로 흘러갈 수 있게 냇물의 마음을 지켜 주는 것. 그 곁에서 발을 담그고 잔물결에 잘방잘방 장단을 맞춰 주거나 냇물의 노랫소리에 귀를 기울여 주는 정도로 충분하겠지.

힘차게 달려오던 아이를 두 팔 벌려 안아 주던 순간, 순전한 기쁨으로 너를 바라보던 나를 기억한다. 있는 그대로의 너를 나의 품에서 쉬게 해 주고 싶던 너른 마음을 네가 자라는 내내 간직할 수 있으면 좋겠다. 오늘만이 아니라 앞으로도 주욱, 네가 좋아하는 웃음과 포옹만 내어 주는 엄마이고 싶다.

쓰면서 사랑하게 된 날들

변한다는 게
축복 같아

밀가루   버터   설탕   달걀
레몬제스트   레몬즙   슈거 파우더
변화를 축복으로 맞게 해 줄 매일의 성실

오랜만에 제과학교 친구들을 만났다. 9년 전 제과 수업을 같이 들으며 울고 웃었던 나의 어리고 예쁜 친구들. 그때 친구들의 나이는 갓 스물이 되었거나 스물하나, 스물둘로 모두 이십 대 초반이었지. 그들은 이십 대라는 망망대해 앞에서 두 눈을 반짝이다가도 망설임으로 고개를 떨구곤 했는데. 다시 만난 친구들은 그때와 조금 달라져 있다. 젖살이 빠져 얼굴의 윤곽은 또렷했고 눈매는 깊어졌다. 서른이 되거나 서른을 바라보느라 고개는 5도쯤 위를 향했다.

"다시 베이킹 할 거예요?"

누군가 내게 묻자 망설임 없이 "아니."라고 답했다. 다시 하고 싶지 않을 만큼 원 없이 해 보았기 때문이다. 미련 없이 해 보았으니 아쉬움은 없다. 체력이 달려 하고 싶어도 할 수 없을 것 같고. 그랬는데 답을 하고 난 마침표의 자리에서 발걸음이 떨어지지 않아 머뭇거리다 고쳐 말했다.

"어쩌면, 아주 나중에…… 다시 하고 싶어질지도 모르겠어."

지금은 번역을 하고 있으니까 얼마간의 시간이 지나면 또 무얼 하고 있을지 알 수 없다. 번역 같은 일을 하게 될 줄은 꿈에도 몰랐으니까. 베이킹을 배워 작은 가게를 열었던 일이 어릴 적부터 키워온 꿈은 아니었던 것처럼 번역도 나의 인생 계획에는 없던 일이다.

회사를 다니며 사회 생활의 즐거움을 경험했고 그 생활이 기울어 환멸에 닿는 것도 보았다. 그러다 베이킹을 시작하고 가게를 열기까지 새로 쓰는 인생에 환희와 설렘을 느꼈지만 온 마음을 바쳤던 일도 빠르게 몸과 마음을 닳게 할 수 있다는 걸 경험했다. 그러느라 많은 걸 잃었다고 생각했지만 상실의 자리에 아무것도 남지 않은 게 아니라 배움과 깨달음, 웃음과 울음, 사람과 이야기가 싹텄다는 것도 알게 되었다.

그 모든 과정을 겪으며 자신에 대해서도 새로 알았다. 고정된 하나의 자아라고 생각했던 내가 끊임없이 변했다는 사실이다. 여행을 떠나고 몸으로 부딪히며 다채로운 삶을 경험하고 싶었던 내가 있었듯, 가만히 머물며 누구에게도 방해받지 않고 몰입의 시간을 원하는 자아도 내게 있다고. 내게서 어떤 때엔 전자가 또 다른 때엔 후자의 모습이 더 강하게 표출되었다. 동그라미였다가 세모였다가, 때로는 동그라미와 세모가 포개져 마름모나 타원이 되었다.

삼십 대의 나는 어디로든 떠나고 싶고 무엇이든 경험하고 싶어 안달난 사람이었다. 삶이라는 바다에 풍덩 빠질 수 있어야 제대로 사는 거라고 믿었다. 될 수 있는 한 가장 커다란 동그라미가 되어 내 안에 이것저것을 담았다. 터지기 일보 직전의 부푼 풍선처럼 위태롭기도 했을 것이다. 겁없이 부풀었고 할 수 있는 한 멀리까지 날아가 보았다. 몇 번의 부침 뒤 마음의 결과 삶의 태도에 변화가 찾아왔다. 하루 종일 우두커니 앉아 한자리를 오래도록 바라보고만 싶었다.

그런 자신이 바람 빠진 풍선 같아 어색했지만 차츰 그게 엉뚱한 모습이 아니라는 생각이 들었다. 틀린 방향으로 걸어온 게 아니라 마땅히 와야 할 곳에 닿은 거라고. 형제가 많은 집에서 자란 나는 홀로 있고 싶어 학창 시절 내내 독서실을 다녔다. 사람을 많이 만나고 돌아온 날이면 완전히 지쳐버려 말없이 방 안에 콕 박혀 있었으니 그만큼 회복의 시간이 필요했던 거였고. 고요히 홀로 머무는 것이 나의 어떤 일부에겐 중요했다. 겉으로 보이는 나는 동그라미였을지 모르지만 보이지 않는 곳엔 세모가 있어 굴러가다 멈추기를 반복했다.

한 사람에게 하나의 얼굴만 있는 게 아니라 다채롭게 변해갈 수 있는 가능성이 숨어 있다는 생각이 든다. 스스로를 하나의 틀에 가두거나 어떤 당위로 진솔한 자신을 억누르는 대신 다양성을 탐색하고 낯선 자신을 포용하면서, 자신에게 귀 기울이고 잘 다독이면서 자연스러운 모양으로 다듬어가는 게 성숙인가 보다.

요즘은 엉덩이가 눌리다 못해 움푹해졌다는 기분이 들 정도로 책상 앞에 앉아 시간을 보낸다. 그런 지금이 너무 좋다고 친구들에게 말했다. 나도 내가 이렇게 될 줄 몰랐으니 나중 일을 함부로 장담하지 말아야겠다고. 지나온 시간이 쌓여 이 자리에 닿았다는 것도 부정할 수 없다. 전공 분야에서 꽤 오랜 회사 생활을 했기에 그 계통의 번역 일을 다시 할 수 있었다. 홀로 가게를 운영했던 개인사업자 생활을 통해 시간 관리에 철저해졌고 그 리듬으로 칼같이 마감을 지킨다.

새로 시작한 번역은 아직 서툴러 실수가 잦다. 처음 번역한 원고가 빨간색 수정 메모로 뒤덮여 돌아온 날 그처럼 얼굴이 달아올라 화끈거렸던 게 생생하다. 여전히 모르는 단어가 수두룩하고 확신 없는 마음으로 언어의 숲을 헤매기 일쑤다. 그런데도 해야 할 일이 있다는 안정감이 나를 내일로 밀어 준다. 오늘은 부족하더라도 조금씩 나아질 내일을 기대하며 용기를 낸다. 어려움 앞에 포기하려는 마음을 달래 날마다 시도한다.

매일 일정하게 들이는 시간과 노력이 빨간 수정을 줄이고 확신 없이 흔들리는 마음을 단단하게 해 줄 것이다. 실패를 거듭하며 배운 확실한 것 하나는 시간은 결코 배신하지 않는다는 사실. 어떤 일이든 내가 들인 노력과 시간만큼 나아지고 숙련도가 쌓이기 마련이다. 그러니 경계할 것은 지금 당장 성과를 보려는 성급한 마음이다. 대신 개미 걸음처럼 느껴지는 매일의 노력과 지치지 않는 꾸준함이 우리를 어딘가로 옮겨 줄 거라는 담백한 믿음을 지킨다.

한 친구가 말했다. 지금 하는 일을 그만두고 다른 걸 해 보고 싶은데 그게 미래를 보장해 주지 않을 것 같아 시도하지 못하겠다고. 하는 일을 그만두는 게 두렵다고. 그에게 이렇게 말해 주었다. 다른 걸 시도하면 하던 일을 계속할 수는 없을 테지만 알 수 없는 다른 일과 기회가 분명 생길 거라고. 경험에 경험이 쌓여 너를 어딘가로 데려가 줄 거라고. 기회는 언제고 우리를 다시 찾아오며 노력했던 시간은 물거품처럼 사라지지 않고 네 안에 쌓여 도전하고 시도하는 용기를 뭉쳐 낼 거라고. 하고 싶은 일이 있다면 도전해 보면 좋겠어, 라고. 그리고 이런 말을 덧붙였다.

"변한다는 게, 알 수 없다는 게 축복 같아. 나는 그게 좋아."

그렇게 흘러온 삶이, 지금 하는 낯선 일이 좋다. 아직은 번역 일이 어려워 불확실함이라는 어둠에 한 발 한 발 내딛는 기분이지만 매일의 성실함으로 불안과 어둠에 지지 않는다. 오늘의 분량을 열심히 완수하며 삼 년 후, 십 년 후의 나를 상상한다. 또다시 계획하지 않은 곳, 상상하지 못한 자리로 흘러들지 모른다는 생각에 묘하게 설렌다.

누군가는 정확한 목적지를 정하고 그곳만 바라보며 갈지 모르겠지만 내 인생에서 깃발을 꽂아야 할 단 하나의 정상 같은 건 사라진 지 오래다. 대신 어그러진 계획이 내려놓을 엉뚱한 자리, 우연의 위치를 기대한다. 그런 내게 필요한 건 삶이라는 초에 호기심이라는 불씨를 꺼뜨리지 않는 일이다.

우리는 확신할 수 없는 서로의 미래를 응원하며 계절이 바뀌면 다시 만날 것을 약속했다. 교차하는 시선에 환한 웃음을 보내며 헤어졌다. 서툴던 시간을 지나 이만큼 왔으니 모두가 자신을 더 믿어 보면 좋겠다.

—

집에 돌아오니 위켄드를 굽고 싶다. 제과학교 초급반 시절 배운 레몬 파운드 케이크는 밀가루와 버터, 설탕과 달걀을 동일 비율로 넣어 구우면 완성되는 손쉬운 메뉴. 프랑스에서는 주말이면 이 케이크를 구워 가족들과 나누어 먹는 게 일상이라 '위켄드'(weekend)라는 이름이 붙었다. 오랜 세월 일상적으로 즐겨 온 이 케이크는 사람들의 입맛을 사로잡은 클래식 중의 클래식이다.

사람의 감각 중 가장 보수적인 것이 미각이라고 한다. 먹는 일은 생명을 유지하는 일과 직결되어 본능적으로 몸에 해로운 맛을 걸러내야 하기 때문이라고. 나 또한 삶에서는 변화에 유연하려 하지만 맛에 있어서는 꽤나 보수적인 편이다. 베이킹을 할 때도 유행에 맞춰 새로운 메뉴를 시도하기보다는 클래식한 메뉴를 선호했다. 그런 나는 초급 과정에서 배운 위켄드와 마들렌을 가장 좋아하는 디저트로 꼽는다. 커피 한 잔 마실 때면 종종 생각나는 마들렌 하나, 위켄드 한 조각이 내겐 무엇보다 따스한 위로이자 기쁨이다.

삶이란 한시도 멈추지 않고 흐르고 변하기에 한결같이 곁에 있는 존재에게 위로를 얻는다. 친근한 맛으로 나를 토닥여 주는 위켄드처럼. 삶은 멀리서 보면 지나고 바뀌고 심지어 사라지는 것 같지만 매일은 반복되는 시간을 벽돌처럼 쌓아가는 일 같다. 때로는 지치고 자주 지루하지만 그런 매일이 모여야 변화가 생기고 성장도 이루어진다. 위켄드를 굽는 마음은 매일에 지치지 않겠다는 마음이다.

레몬의 새콤함 뒤로 파운드 케이크의 은은한 단맛이 입안에 번진다. 입안에서 꽃을 피우듯 일순간 미각 세포를 자극하는 레몬의 맛도 좋지만 미각뿐만 아니라 질감과 양감을 채우며 은근히 지속되는 파운드의 깊은 맛은 든든하다. 그렇게 잠잠하게 오늘의 성실을 반복한다. 변화를 축복으로 맞게 해 주는 건 파운드 케이크처럼 평범한 성실이 보장하는 시간일 테니까.

쓰면서 사랑하게 된 날들

## 사랑하며
## 살고 있나 봐

김치 설탕 달걀 밥
메밀면 참나물 간장 식초 매실청 들기름
아보카도 토마토 양파 소금 후추 레몬즙
청신한 바람에 설렘을 더할 와인 한 잔

"어머, 해가 이렇게 길어졌네."

엄마가 말한다. 일흔이 넘은 엄마가 운전하는 차를 타고 나는 창밖으로 노을을 바라본다. 해는 졌지만, 빛의 잔상은 남았다. 다홍색 수채 물감에 물을 한껏 섞은 살굿빛이 낮은 하늘에 번진다. 육교가 등장하고 도로는 짧은 터널로 이어진다. 터널에 가까워질수록 시야는 터널 입구만큼 좁아진다. 노을 번진 도로 일부가 아치형 프레임을 가진 사진처럼 찍힌다. 오래전 영화에서 보았던 한 장면 같다. 시간이 흐른 미래의 어느 날 이 순간을 회상하는 듯한 기분에 젖어 든다.

엄마는 친정집 근처 전철역에서 나와 딸아이를 내려 주기로 한다. 나이가 들어 밤 운전은 무섭다며 집까지 데려다주지 못해 미안하다면서. 엄마를 바래다주지 못해 내가 미안한 처지인데. 조금이라도 더 내어 주고 싶은 게 엄마 마음이라는 걸 알아 사과하는 엄마 말에 내 속이 상한다. 그 잠깐 사이 아이가 잠들었다. 깨우는 소리를 듣고 엄마가 집까지 가자고 성화다. 그런 엄마를 만류하여 전철역 앞에서 아이를 깨워 내린다.

엄마의 자동차가 떠난다. 아이가 정신을 차릴 때까지 잠시 길 위에 우두커니 선다. 잠에서 깨어 얼떨떨한지 아이가 울음을 터뜨린다. 깨어나려 할수록 졸음이 밀려와 힘겨울 테지. 아이에게 해 줄 수 있는 게 없어 나도 울고 싶어진다. 엄마 마음이 이랬구나. 미안하다던 엄마 말이 한 박자 늦게 다시 떠오른다. 이제야 온전하게 온도와 부피, 무게를 가지고 나를 통과하는지 목구멍이 먹먹하다.

—

엄마와 나, 딸아이, 셋이 시골길 산책을 나선 저녁이었다. 절기가 바뀌어 해 지는 시간이 당겨진 걸까. 노을 지는 하늘을 기대했는데 해는 이미 서쪽으로 사라진 뒤였다. 지평선 끝에 오늘처럼 살굿빛 잔상만 얕게 남았다. 논과 밭 사이 개울이 흐르고 주변으로 밤나무가 늘어선 길로 천천히 걸음을 옮겼다. 밤송이가 열렸을 즈음이었다. "밤이 얼마나 열렸을까?" "그러게! 올가을엔 얼마나 많은 밤을 딸 수 있을까?" 즐거운 대화가 오갔다.

밤나무 아래 도착하자, "와! 많이 열렸다!" 엄마가 외쳤다. 그때 곁에 있던 아이가 난데없이 이런 주문을 했다. "지금부터는 달리기 시합이야!"

밤나무를 향해 고개를 들고 있던 나와 엄마는 앞서 나가는 아이 뒤로 서둘러 달음박질쳤다. '탁탁탁' 발바닥 부딪히는 소리와 "와하하!" 하는 함성이 뒤엉켰다. 금세 밤나무 길 끝에 닿았다. 거기서 돌아오는 것이 익숙한 산책 코스인데 엄마가 조금 더 가 보자고 했다.

"힝—."

싫은 소리를 내는 아이를 달래며 계속 걸었다. 어느새 발밑은 어둠에 잠겨 있었다. 풀숲에서 풀썩, 풀벌레가 뛰어올랐다. 멀리서 컹컹, 개 짖는 소리가 번졌다. 멀찍이 늘어선 집들 사이로 밝혀진 불이 별처럼 빛났다. 길이 좁아 헤드라이트를 밝힌 자동차가 등장하면 길가로 바짝 몸을 붙여야 했다. 어둠이 짙어 발밑에 무엇이 있는지 분간할 수 없었다. 혼자였다면 등줄기로 소름이 돋았을 것이다.

엄마가 택한 길은 멀고 어둠은 거푸 어둠을 더했다. 내 안으로 걱정이 들어왔다. 아이는 진작부터 다리가 아프다며 몇 번이나 업어달라고 했고. 몸무게가 제법 나가 한번 업으면 오래 업을 수 없는데. 가야 할 길이 아직 멀어 업어 주길 미뤘다. 두어 번은 대답 없이 흘려듣고 두어 번은 나의 엄마가 꾸짖었다.

"엄마 힘들어서 안 돼."

그러면 내가 부드러운 목소리로 덧붙였다. "서윤아, 조금만 더, 조금만 더 가서……." 한 굽이만 돌면 집에 다다르는 지점에서 아이에게 등을 내밀었다. 냉큼 업힌 아이가 내 등에 몸을 밀착시켰다. 아이 목소리가 단숨에 밝아졌다. 나른하고 경쾌한 기운이 등으로 전해지면 아이를 업어 줄 수 있어 기쁘고 오래 업을 수 없어 아쉬울 뿐인데, 그런 내 마음은 아랑곳하지 않고 엄마가 기어이 아이를 타박했다.

"다 큰 애가 뭘 업어달라고 해! 서윤아, 엄마는 너의 엄마지만 할미 딸이잖아. 할미는 내 딸이 힘든 게 싫다. 엄마가 힘들면 할미 마음이 아프다."

엄마는 아무렇지 않게 그런 말을 했다. 손녀의 다리가 아픈 것보다 자신의 딸이 힘든 게 더 싫다고. 무심히 던지는 엄마의 말이 단순하게 투명해서 나는 울 것 같은 얼굴이 되었다. 엄마는 성격이 급하고 불같은 면이 있다. 빠르게 결론짓고 앞서 나갈 때는 엄마의 재촉과 성화가 버겁다. 내 마음은 돌아보지 않고 당신 속도 대로만 걷는 것 같아서. 그랬는데 내 가슴을 관통해 저 앞에 섰다는 걸 발견하기도 한다. 그러면 미처 헤아리지 못한 엄마의 마음은 빙산처럼 바다 깊은 곳에서 얼마나 넓을까 싶고. 우리가 서로의 마음을 제때 알아보는 일은 언제쯤 가능할까. 어긋나더라도 어디선가 만날 수 있는 걸까. 이름 붙일 수 없는 기분을 업고 말없이 걸었다. 어둠이 서로의 얼굴을 덮어 주었다.

一

 잠에서 깨 울먹이는 아이 앞에 쪼그려 앉아 아이를 안는다. 울음이 잦아들기를 기다린다. 승차장으로 내려가는 사이 아이는 금세 기운을 차린다. 지하철에서는 김치볶음밥이 먹고 싶다며 내 휴대폰으로 남편에게 카톡 메시지를 보낸다.

 집에 도착하니 남편은 저녁 준비로 분주하다. 아이를 위한 김치볶음밥이 완성되어 가고 그 옆에는 나와 남편이 먹을 메밀면이 끓고 있다. 남편이 삶아둔 면에 참나물 씻어 넣고 간장에 식초, 매실청, 들기름 듬뿍 뿌려 비빈다. 입맛을 당기는 한 그릇이 뚝딱 완성된다. 열어놓은 창문으로 바람이 넘나든다. 기분 좋게 가슴을 부풀리는 5월의 바람이다.

 며칠 전이 입하였던가. 한동안 봄이 떠난다는 사실에 아쉬웠는데 오늘은 또 다른 좋은 계절이 다가옴에 반갑다. 3월, 4월이 좋았지만 5월도 좋다. 6월의 둥그런 바람은 또 얼마나 기꺼울까. 오늘의 기쁨이 내일을 기대하게 한다. 잘 사랑하며 살고 있나 봐. 아낌없이 사랑한 날엔 아쉬움이 없지. 오늘과 가뿐하게 작별하고 내일로 건너갈 수 있다.

 어린이날과 어버이날을 지났다. 어린이날에는 아이 마음 따라 놀이동산에서 폐장 시간까지 놀았다. 어버이날에는 시장에서 꽃을 사 와 직접 꽃바구니를 만들었다. 엄마를 만나 거칠어진 손 잡고 오래 걸었다. 걱정이 앞서고 번거롭기도 한 일이었는데 기쁘게 마음을 여니 순간이 다른 낯으로 내게 왔다. 전할 수 있는 마음 충실히 보내 가뿐함만 남았다. 내어 줄수록 상쾌해지는 마음이라니, 사랑만이 만들 수 있는 표정이다.

메밀면 소박하게 먹고 접으려던 식탁에 남편이 와인 잔을 올린다. 아보카도에 토마토, 양파 잘게 썰어 넣고 소금, 후추, 레몬즙으로 간한 과카몰리까지 만들어 내고. 5월 저녁의 청신한 바람은 소비뇽 블랑과 어찌나 잘 어울리는지. 남편이 걸어 놓은 플레이 리스트는 스피커로 흘러나와 내 몸에 잘 맞는 옷처럼 귀를 감싼다. 이런 저녁을 좋아하지. 해야 할 일 마치고 사랑하는 이들과 마주앉아 맛있는 음식을 나누어 먹는 저녁. 산뜻한 바람과 경쾌한 음악이 넘나들고 있는 그대로의 마음 탁 풀어놓는 시간. 그런 순간이면 우리 사이 엇비슷한 기분이 흐른다고 확신할 수 있다.


해가 길어졌다. 달과 달을 건너 계절이 계절에 자리를 내어 준다. 그 리듬 따라 새 기운이 불어온다. 변함없이 머무는 조각도 있다. 날실 같은 시간과 계절 엮어 삶을 다음 단으로 넘겨 주는 씨실 같은 조각. 우리는 그걸 가까운 이들과 공유한다. 엄마가 들꽃과 들고양이 앞에 쪼그려 앉아 손을 내밀던 모습이 내 안에도 있는 것처럼. 그런 엄마의 성정을 물려받아 나는 계절의 변화를 예민하게 감각하고 식물을 사랑한다. 작은 동물 앞에서 걸음을 멈추고 길가의 꽃에 안부를 묻는 딸아이도 외

할머니와 똑 닮은 조각 하나를 쥐고 있고. 내 안에는 나만 살지 않아 한 박자 늦더라도 당신의 마음을 그려 볼 수 있다.

    내 삶이 일 인분이 아니라 아이와 남편 삼 인분으로 패턴을 만들어가듯 나라는 사람 또한 나 하나가 아니다. 엄마와 아빠, 외조부와 친조부, 그리고 딸아이와 그 너머의 아이들까지 함께 살고 있으려나. 달과 달, 계절과 계절이 날실처럼 흐르고 사람과 사람 사이 생명과 사랑이 씨실처럼 삶을 엮는다. 사랑이 모세혈관처럼 생명을 나르며 삶을 늘린다.

쓰면서 사랑하게 된 날들

# 너만의
# 레시피

불고기용 고기   느타리버섯   파
당근   양파   양념장
'우리' 그리고 '너만의' 삶의 레시피

불고기가 먹고 싶다는 아이 말에 고기와 느타리버섯, 당근을 준비한다. 저녁을 지으려 싱크대 앞에 서니 아이가 곁으로 다가와 묻는다.

"나는 뭐해?"

"당근을 썰어 볼까? 채썰기 알지?"

"응!"

손수 고른 연분홍색 앞치마를 사 주었더니 이 시간이 더 좋아진 눈치다. 아이는 앞치마를 두르고 낮은 보조 의자 위에 올라가 플라스틱 칼로 당근을 썬다. 조금 도톰하고 크기도 일정하지 않지만, 그것도 나쁘지 않다. 중요한 건 순간을 즐기는 마음이니까.

"소금, 후추 좀 꺼내 줄래? 아, 간장이랑 식용유도 좀 가져다줘."

내겐 귀여운 보조 요리사가 생긴 셈이다. 넉넉한 볼에 다진 마늘과 파, 간장과 맛술, 소금과 후추, 설탕으로 양념을 만들고 고기를 재운다. 양파는 채 썰고 느타리버섯은 잘게 찢어 아이가 썰어 놓은 당근과 합친다. 아이는 채소를 한 움큼 집어 양념한 고기 위로 올린다. 나는 재빨리 불에 팬을 올리고 고기와 채소를 덜어 볶는다.

그러는 동안에도 아이는 남은 채소로 자기만의 요리를 시작한다. 잘게 잘라 그릇에 담고 간장과 물과 설탕과……. 이런저런 재료를 섞어 알 수 없는 요리를 만들며 쇼 프로그램에 나오는 요리사처럼 상상의 청중에게 설명한다. 그러느라 싱크대 주변은 설탕과 후추, 물이 흘러 지저분하지만, 아이가 놀이에 열중하는 틈을 타 나는 저녁 준비를 무사히 마친다.

계획대로 요리는 완성되지 않고 주방은 어지럽혀지기 일쑤지만 아이와 함께하는 저녁 준비가 즐겁다. 홀로 외로이 식사 준비를 하지 않아도 되고 소소하게 아이의 도움을 받을 수 있어서. 무엇이든 놀이로 바꾸어 내는 아이의 재능으로 저녁 짓는 시간은 미술이나 공작 시간으로 변모한다. 감탄과 칭찬에 후한 아이 곁에서 나는 종종 최고의 요리사로 대우받고. 말하지 않아도 손발이 척척 맞는 환상적인 순간이 찾아오고 기대 이상으로 맛있는 요리가 완성되기도 하는 건 덤. 함께하는 즐거움을 아이 덕분에 내가 배운다. 그 모든 것을 아이 또한 배우고 있을 것이다.

"모든 것을, 특히 너 자신의 질문을 물으렴. 경이로워하며 세상을 바라보렴. 경건한 마음으로 세상과 대화하렴. 사랑을 담아 귀를 기울이렴. 절대로 배움을 멈추지 말렴. 모든 것을 하되, 아무것도 하지 않는 시간도 가지렴. 네가 원하는 모든 높이의 다리를 건너렴. 네가 가진 시시포스의 돌덩이를 저주하지 말렴. 받아들이렴. 사랑하렴."

에릭 와이너, 김하현 옮김, 『소크라테스 익스프레스』(어크로스, 2021), 475쪽.

언젠가 책에서 읽고 일기장에 적어둔 구절이다. 아이가 이렇게 살면 좋겠다는 생각이 들어서. 그러려면 내가 무얼 해 줘야 할까 고민하다 보니 이런 마음이 찾아왔다. 내가 먼저 그렇게 사는 모습을 보여 주자고. 경이로움으로 세상을 바라보고 사랑을 담아 귀기울이며 배움을 멈추지 않는다면, 삶이 지운 무게를 받아들이고 삶이라는 물살에 흠뻑 몸을 담근다면, 곁에서 보고 겪으며 자란 아이에게 저절로 그런 태도가 배어들 것 같았다. 아이가 무얼 하고 무언가가 되길 바라는 대신 내가 먼저 하고 나 자신에게 기대하기로 했다.

우연한 경험이라도 어린 시절 마주한 일은 한 사람의 인생에 적지 않은 영향을 미친다. 어려서 피아노를 배운 덕에 살아오는 내내 음악으로 커다란 즐거움과 위안을 얻었다. 아빠는 한 달에 한 번 동네 서점에 나와 언니를 데려가 마음껏 책을 고르게 해 주었다. 그렇게 가까워진 책은 평생의 든든하고 유익한 친구가 되었고. 유년기에 경험한 세상은 한 사람의 인생에 밑그림을 그려 준다. 그걸 알아 아이에게도 다양한 경험을 맛보게 해 주고 싶다. 내가 익혀 삶을 풍요롭게 했던 취미와 습관, 삶의 재료와 레시피 같은 걸 아이에게도 소개해 주고 싶다.

아이가 음악과 친해지길 바라 중고로 전자 피아노를 구입했다. 아이는 어린이집을 다니며 배워 온 동요를 뚱땅거렸다. 피아노 치는 법을 알려 주려고 동요가 실린 악보집을 준비했지만 내가 아이를 가르치는 건 쉽지 않았다. 피아노 학원을 보내 볼까 했지만 낯가림이 심한 아이는 '학원' 소리만 들어도 고개를 절레절레했고. 어린아이는 엄마가 하는 일이면 뭐든 좋아 보이는지 내가 하는 걸 곧잘 따라 하곤 했다. 그러니 내가 피아노를 쳐 보면 어떨까 하는 생각이 들어 어릴 적 즐겨 쳤던 피아노 명곡집을 주문했다.

도착한 악보를 후루룩 넘겨 보다 눈에 익은 〈소녀의 기도〉에서 멈췄다. 초등학교 4학년까지 피아노를 배웠지만 다 잊어버렸을 것 같았다. 자신이 없어 소심하게 건반을 눌러 보았다. 천천히 악보를 따라 손가락을 움직이자 놀랍게도 머릿속에서 멜로디가 살아났디. 음악은 몸안 어딘가에서 움터 손가락으로 전

달되었다. 손가락이 무의식적으로 음의 자리를 찾아갔다.

내가 피아노에 흠뻑 빠져 있는 모습에 아이도 따라 치고 싶었나 보다. 한동안 아이는 혼자 방으로 들어가 피아노를 두드렸다. 즐겨 부르는 동요 〈퐁당퐁당〉의 음을 더듬더듬 눌렀다. 어느 날은 오른손 연주에 왼손 반주를 곁들였다. 스스로 방법을 궁리하고 되든 안 되든 시도해 보는 모습이 기특했다. 그 뒤로도 아이는 내킬 때마다 피아노로 놀았다. 초등학교에 들어가면서 학원에 다니기 시작했고 지금은 좋아하는 아이돌 가수의 노래를 뚱땅거린다. 내가 말하지 않아도 자신이 내킬 때 피아노 앞에 앉아 연습한다.

아이가 도서관을 좋아하게 된 것도 그와 비슷했다. 어릴 적부터 아이와 같이 도서관을 다녔고 아이 이름으로 회원 카드를 만들어 주었다. 어느 시점부터는 스스로 책을 고르게 두었다. 읽고 싶었던 책을 발견하고 기뻐하는 나를 보며 아이 또한 책을 고르는 즐거움을 익혔을까. 도서관에 도착하면 아이는 서가 어딘가로 사라졌다 두 손에 잔뜩 책을 들고 나타났다. 날개 달린 요정이 그려진 그림책 시리즈를 들고 함박웃음을 지었다. 사서에게 책과 회원 카드를 내밀어 대여하는 일도 아이에겐 놀이였다. 일주일에 한 번 나와 아이, 이제는 남편까지 합세하여, 셋은 기다렸다는 듯 도서관을 향한다.

"내가 제일 좋아하는 미술관이다!"

지난번 미술관에 갔을 때 아이가 했던 말이다. 그림 보는 것을 즐겨 틈틈이 아이를 미술관에 데려갔고 아이가 흥미를 느낄 만한 전시를 골라 보았다. 그러는 사이 아이 또한 미술관이 재미있다고 생각하게 되었나 보다. 책 읽기를 좋아하고, 그림과 음악 감상을 즐기는 내게 그걸 함께할 다정한 친구가 한 명 더 생긴 셈이다. 아이가 더 자라면 주말마다 각자 고른 영화를 번갈아 보는 '무비 데이'도 만들어야지. 좋아하는 걸 가족끼리 공유하면 저절로 가족 문화라는 게 만들어지지 않을까. 취미 생활을 공유하면 얘깃거리가 늘고, 정서적으로 교감을 나누어 사이는 더 돈독해지겠지.

사샤 세이건은 『우리, 이토록 작은 존재들을 위하여』(홍한별 옮김, 문학동네, 2021)에서 아이의 탄생을 기리거나, 계절의 변화를 감지하는 일, 가족의 특별한 날을 기념하고, 결속감을 다질 수 있는 의식을 반복하면 삶에 패턴이 생기고 공동체와 나 자신을 다시 생각해 보는 시간을 만들 수 있다고 했다. 나도 살아오면서 무의식적으로 그런 의미를 받아들이고 실천해 왔던 것 같다. 아이의 생일이면 손수 케이크를 만들고, 봄이면 딸기잼을 졸이고, 여름에는 옥수수와 복숭아를 먹고 바다 수영을 즐기는 일, 가을이면 낙엽을 주워 책 사이에 끼워 놓고, 겨울에는 눈을 기다리는 것처럼 생활에서 사소한 변화와 기념일을 챙기고 축하하는 게 잘 사는 법이라고 여겨 왔으니.

아이가 태어나고 그런 일에 부여하는 의미가 더 커졌다. 아이가 다채로운 경험을 하고 삶과 자연에 대한 경이와 호기심을 지녔으면 하는 바람이 있기 때문이다. 가족들과 함께한 기억이 따스하게 남아 아이의 삶을 감싸 줄 거라 믿기 때문이다. 사랑으로 묶인 공동체에 속한다는 안정감이 삶을 지탱하는 힘이 되어 줄 거라고. 자연의 변화를 세밀하게 감각할 수 있다면 인간의 의지를 넘어서는 힘이나 원리, 거대한 세계와 우주라는 울타리를 알아채고 언제든 위로와 감사를 구할 수 있을 거라고 생각한다.

우리 집에는 의도하지 않았지만 거듭되어 의식으로 자리잡은 게 있다. 아침에 일어나면 뽀뽀와 포옹으로 아이를 맞이하고 클래식 음악을 배경으로 하루를 시작하기. 잠자기 전에는 그림책을 읽고 간지럼을 태우다 우스운 농담을 주고받으며 하루의 긴장을 풀기. 일주일에 하루는 화분에 물을 주고, 주말에는 야외로 바깥 놀이를 가고. 금요일마다 마시는 와인, 기념일엔 꽃을 준비하는 남편, 아이와 같이 부르는 노래, 기억하고 싶은 날 쓰는 카드와 편지, 연말에 여는 가족 음악회까지. 함께 기억할 수 있는 노래와 이야기, 장면과 경험을 수집한다.

사소한 일도 반복하면 의미가 생긴다. 의미를 부여할 때 삶에 무늬가 덧대어진다. 삶에 고유한 무늬를 입히려면 나만의 작은 의식을 만들고 반복하면 된다. 사랑하는 사람들, 가까운 이들과 공유하면 '우리'라는 패턴이 그려진다. 그것들이 가족과 공동체의 결속감을 다져 줄 것이다. 우리라는 문화가 형성

되어 아이의 삶에 밑그림이 그려지고 있을까. 내가 생활에 그려 넣는 무늬가 아이에게 옮겨가고 있을까.

　세상과 교감하며 경이로움을 잃지 않도록 내 안에 좋은 에너지를 모은다. 아이와 주변 사람들에게 자연스럽게 그 에너지가 전해지도록. 아이 안에 삶의 아름다움과 기쁨을 알아보는 긍정과 희망, 사랑의 씨앗이 심어지도록. 오늘도 내 삶에 정성껏 무늬를 그린다. 내게서 시작되어 아이에게 스며들고, 또 어딘가로 이어질 패턴을.

　아이와 같이 만든 불고기를 식탁 가운데에 놓고 하얀 밥 호호 불며 저녁을 먹는다.

　"내가 만들면 더 맛있더라!"

　아이의 호기로운 말에 나와 남편은 웃음을 터뜨린다. 해가 뜰 때부터 질 때까지 하루 안에도 배우고 축하할 것이 너무나 많다는 사샤 세이건의 말처럼 반복되는 일상에서도 나와 아이는 꾸준히 배운다. 작은 일을 거듭하며 기쁨을 찾고 평범한 하루가 건네는 아름다움을 축하한다.

　이런 생활이 아이에게 재밌고 신선한 재료가 되어 줄 것이다. 자기만의 삶의 레시피를 창조하기 위해 지금은 다채로운 재료로 마음껏 놀며 연습하는 시기. 나는 아이가 맛볼 수 있게 각양각색의 재료를 보여만 줄 것이다. 그것들도 아이 손에 닿으면 아이만의 레시피로 변형될 테니까. 그런 과정에서 '재미'

를 발견하고 '무언가를 좋아하는 마음'을 품게 되길 바란다. 자신의 마음이 흔들리는 순간을 알아채고 하염없이 그걸 따라가 보면서, 남들이 뭐라 하든 내가 좋아하는 사소하고 사적인 순간을 소중히 모으면서. 그래도 괜찮다고, 그것들이 너를 네가 되게 해 줄 거라고 속삭여 줄 것이다.

사는 동안 그 재료로 마음껏 시도하고 탐험하며 너만의 레시피를 써 나가길 바라. 자신만이 알아볼 수 있는 슬픔과 기쁨, 경이와 감탄으로 삶의 의미를 새겨 나가렴. 너만의 레시피로 너는 네가 될 거야. 마음이 흔들리는 순간을 모아 너라는 삶의 레시피를 채워 가렴.

쓰면서 사랑하게 된 날들

# 비밀을
# 간직한다는 건

나만의 책상과 일기장
깊고 진한 향기로 나를 안아 줄 커피 한 잔

장 그르니에의 문장을 오래 품고 살았다. 혼자서, 아무것도 가진 것 없이, 낯선 도시에 도착하는 것을 수없이 꿈꾸었다고. 그렇게 하면 '비밀'을 간직할 수 있을 것 같았다고 그는 썼다.\*
내 청춘의 주문 같은 글이었다. 사회가 규정해 놓은 모습이나 역할에서 벗어나고 싶다는 반항심이 성장기 내내 내 안에 숨어 있었다. 부모님의 기대나 타인과의 비교 없이 온전한 나로 자유롭게 살고 싶다고. 어딘가 먼 곳에서라면 가능할 것 같았다. 그 때문인지 여행을 좋아했다. 떠남과 동시에 현실에서 짊어졌던 역할과 의무를 잠시 내려놓을 수 있었으니까. 사회생활을 시작하고는 일 년에 한 번씩 해외로 떠나는 가방을 꾸렸다. 그때마다 영영 집으로 돌아오지 못할 뜻밖의 사건이 일어나면 좋

\* 장 그르니에, 김화영 옮김, 『섬 LES ILES』(민음사, 2020).

겠다는 터무니없는 바람을 키웠다.

친구들 사이에서 외국에 나가 살고 싶다고 노래를 불렀던 건 나인데 정작 외국으로 떠난 건 친구들이었다. 한 친구는 미국에서 취업하겠다고 대학교 때부터 계획 세워 준비했고 또 다른 친구는 결혼과 함께 남편의 직장 문제로 이름도 낯선 타국으로 떠났다. 그에 비하면 내겐 준비해 둔 계획도 믿을 만한 동반자도 없었다. 우연한 기회로 삶의 진로가 바뀌기만 바랐지 떠날 용기는 없었다.

성실하고 모범적으로 학창 시절을 보내고, 자신을 보여 주고 증명해야 하는 이십 대와 삼십 대를 지났다. 생각했던 것을 실현하기도 했지만 예상과 달라 실망도 했다. 좌절하며 성취한 게 있고 거듭 실패한 것도 있고. 삶의 방향을 찾기 위해 끝없이 흔들렸고 지금도 그렇다.

한동안 아내와 엄마라는 직함만 남기고 집에서 대부분의 시간을 보냈다. 아무도 나를 찾지 않았고 누구와 견주는 일도 없었다. 이곳이 낯선 도시가 아니라는 사실만 달랐지, 동경했던 문장 속 삶에 다다른 것 같았다. 아무것도 아닌 사람이 되어 자유롭고 겸허하게 살아가는 건 나의 오랜 꿈이지 않던가. 그랬던 것 같은데 바로 그 지점에 닿아 완전히 길을 잃고 말았다.

집에서 보내는 일상이 전부인 생활은 거울 속 내 얼굴만 바라보는 일 같았다. 내 얼굴로 시작해 내 얼굴로 끝나는 생활.

그러느라 시야는 좁아지고 고집스러운 자아만 남아버리는 일. 매일이 똑같은 풍경 속에서 지루하게 흘러갔다. 그러면서도 나의 어떤 일부는 영영 사라지고 말았다는 상실감에 사로잡혔다.

  첫 유럽 여행은 홀로 떠났다. 그때 여기서 사라져도 좋겠다는 생각이 들었던 도시가 있는데 물의 도시, 베네치아다. 섬 사이로 흐르는 수로를 곤돌라와 배로 이동하는 도시에서 육지의 길은 가늘고 좁게 미로처럼 얽혀 있었다. 한 사람이 옆으로 몸을 돌려야 간신히 통과할 수 있는 골목을 걷다 보면 이 길이 지도에 표시는 되어 있을까 궁금해졌고. 길 끝에서 느닷없이 텅 빈 광장이나 뚜껑이 덮인 우물이 나타났다. 모퉁이를 돌면 잘라낸 듯 육지가 끝나고 돌연 바다가 펼쳐졌다.
  아무도 나를 알지 못하는 도시에서 낡은 건물에 둘러싸인 네모난 광장에 서 있을 때 바닥과 건물 벽, 수로 위로 일렁이는 환한 빛은 오직 나를 위해 준비해 놓은 예술 작품 같았다. 빛 앞에서 걸음을 멈추고 숨소리마저 잦아들 때면 이대로 영원히 홀로 머물고 싶다는 바람이 일었다. 맞은편 길에서 누구도 나타나지 않기를, 이 비밀한 순간을 누구도 방해하지 않기를 바랐다. 내 가슴은 흥분과 감탄을 품고 하나의 문장에 밑줄을 그을 때처럼 순전한 기쁨에 차올랐으니. 그처럼 홀로 만끽하는 비밀스러운 순간을 사랑했다.

가족이 생기고 안정적인 생활이 이어지면서 삶에서 '비밀'이 사라졌음을 깨달았다. 늦도록 혼자 라디오를 들었던 밤과 며칠을 방바닥에 엎드려 소설책만 읽던 방학, 야간 자율학습을 빼먹고 종로의 영화관으로 향하던 저녁, 만원 지하철에서 시집을 읽던 출근길과 점심시간에 배회하던 서점, 늦은 저녁 혼자 보았던 공연들까지. 일상에서 비켜나 나만의 틈새를 찾아 들어가면 온몸의 감각이 한층 또렷해졌다. 어떤 순간엔 내 안에서 잠자고 있던 새들이 일제히 날아올랐다. '이런 게 삶이야!'라는 들뜬 외침과 함께 삶에 대한 열렬함이 살아났다.

한동안 아이를 보살피고 집안을 돌보는 데 시간을 쏟아부으면서 나는 뻔한 사람이 되어버렸다. 집 안의 물건을 제자리에 두고 아이에게 제때 밥을 먹이고 규칙적인 시간에 잠들게 하는 일에만 집중했다. 안정된 생활을 유지하려 몰두하느라 납작하고 단순한 사람이 되어 있었고, 그런 나는 내게도 재미가 없었다. 삶이 더이상 가슴을 두드리지 않았다. 삶에 대한 열정을 되살려 내일을 기대하게 할 무언가가 절실했다. 그건 바로 나만의 '비밀'을 만드는 일이었다.

비밀을 모으기 위해 새벽에 일어나 일기를 쓰고 책을 읽기 시작했다. 나만의 시간을 내기가 너무나 힘들던 때 혼자 있고 싶다는 간절함이 깊은 잠에서 나를 깨웠다. 알람도 없이 새벽 4시에 눈이 떠졌다. 나를 위해 무언가를 되찾고 싶다는 간절함이 달콤한 잠마저 달아나게 했다.

남편과 아이가 잠든 깜깜한 새벽 책상 앞에 앉아 일기를 적어 내려갔다. 어제 내 마음을 불편하게 했던 사건과 모호한 감정에 구체적인 이름을 붙여 주고 나면 어수선했던 마음이 단정해졌다. 일기 쓰기로 묵은 먼지를 떨어내고 하루치의 깨끗한 마음을 준비했다. 그리고는 읽고 싶은 책 속에 푹 빠져 글자가 만드는 무수한 길을 정신없이 걸으며 나만의 여행을 떠났다. 마음을 흔드는 문장을 만나면 밑줄을 긋고 컴퓨터와 노트에 옮겨 적으면서 오늘 하루 남몰래 입안에 머금어 둘 단어나 문장을 수집했다. 홀로 어둠 속에서 '비밀'이라는 즐거움을 되찾았다.

매일 일기를 쓴 지도 5년째. 일기장에 썼던 글 중 일부는 자르고 덧대고 다듬어 블로그와 브런치스토리, 인터넷 플랫폼으로 옮겨졌다. 그러니 내 글의 글감은 매일 쓰는 일기에서 나온다. 언제든 펼치면 이야기의 씨앗이 될 수 있는 슬픔과 우울, 기쁨과 웃음이 거기 다글다글 모였다. 그러니 일기 쓰기는 자잘한 생각과 사소한 사건처럼 생활 속에 굴러다니던 돌멩이를 모아 나만의 보따리를 채우는 일이다.

5년째 매일 글쓰기를 실천하는 내게 간혹 그 비결을 묻는 사람들이 있는데 최근 정지우 작가의 말을 듣고 그걸 헤아려 보았다. 정지우 작가는 계속 글을 쓰기 위해서는 환경이 중요하다고 말했다. 보상이 주어지는 환경이 글을 쓰겠다는 의지력을 지탱해 준다고. 보상은 누군가의 인정이나 소소한 원고료, 함께 이야기를 나누는 즐거움 등 사람에 따라 다르겠지만 내게 알맞은 보상을 주는 환경이 있다면 조금 더 쉽게 글을 쓸 수 있다는 작가의 말에 크게 공감했다. 나 또한 나만의 보상이 있기에 글쓰기를 지속할 수 있었으니까.

글쓰기가 내게 주는 보상에는 이런 게 있다. 나만의 방(글을 쓰게 되면서 창고가 되었던 방을 정리해 내 공간으로 사용하고 있다)과 일기장이, 블로그와 브런치스토리, 오마이뉴스처럼 내 글을 읽어 주는 독자를 만나는 공간이 있다. 내 글을 읽어 주는 소수의 사람들이 보내주는 공감과 댓글은 얼마나 큰 힘을 주는지. 오마이뉴스에 기고하는 글은 원고료라는 실질적인 보상까지 준다. 그리고 또 어떤 게 있을까…….

이른 아침, 눈을 뜨면 원두를 갈아 천천히 커피를 내린다. 커피가 담긴 머그잔을 두 손으로 감싸쥐고 깊이 향을 들이마신다. 한 모금 입에 넣으면 뜨겁고 쌉싸름하면서 고소하고 부드럽기도 한 작은 덩어리가 입안에 머물다 목과 가슴을 덥히며 내려간다.

아무도 깨지 않은 이른 아침과 신선한 원두커피는 하루 중 가장 욕심을 내는 조합. 커피 한 잔을 고요히 음미하는 일, 그때 누리는 온전한 고독이 귀해 기꺼이 잠의 유혹을 떨치고 일어난다. 커피 한 잔에는 글을 쓰는 사람이라는 환기와 매일 글을 쓰겠다는 다짐이 들어 있다. 커피 향이 영감을 실어다 주길, 흰 백지에 문장이라는 길을 내며 마침표를 찍을 때까지 지치지 않고 나아가게 도와주길 바라는 마음도. 커피 한 잔으로 고독이라는 시간을 열고, 일기장이라는 고독의 장소를 펼친다.

  내게 딱 맞는 동그라미를 만들어 주는 스탠드 불빛 아래 손으로 써 내려가는 일기장에서 나다운 글은 시작된다. 은은한 불빛과 아늑한 의자에서 비로소 나의 자리에 도착했다는 안도감으로 마음에 품고 있던 솔직한 문장들을 꺼낸다. 그럴 때 생각은 머리가 아니라 손끝에서 풀려나온다. 연필을 쥔 손이 움직일 때 생각은 자란다. 흰 종이 위에 연필로 발자국을 찍으며 생각이라는 여행을 시작한다. 모래알 같은 생각을 '툭툭' 털어 보고, '촤르르' 흩뿌리기도 하면서 손끝으로 그림을 그린다. 운 좋게 모래알 사이 숨어 있던 조약돌을 골라내고, 깨진 조개껍데기를 찾아내기도 한다. 모래 그림을 따라가다 분홍색 깃털, 연둣빛 잎사귀, 빛을 내는 유리알 같은 걸 만난다.

  그러니까 나의 방과 책상, 일기장만 있다면 언제든 글을 쓸 수 있다. 일기장을 펼치면 어떤 걱정도 없이 내면의 감정과 생각을 마음껏 풀어낼 수 있다. 마음속에 엉켜 있던 실타래를 일기장 위로 가지런히 풀어내 돌돌 감다 보면 어느새 글쓰기라는 시간과 장소가 나를 안아 준다. 글쓰기가 건네는 고요한 포옹으로 나는 나로 괜찮아진다. 생각과 감정을 글로 적고 나면 내가 단단해진 기분이다.

나를 안아 주는 건 글쓰기나 고요뿐만 아니라 나 자신이기도 하다. 내 이야기에 전적으로 귀를 기울이고 내 마음을 살펴 주는 이, 내가 하는 이야기를 소중하게 다뤄 주는 이, 혼자 된 나를 온전한 품으로 안아 주는 건 바로 나 자신이니까. 내게 글쓰기는 내면에 집중하는 시간이자 가장 따뜻한 포옹을 받는 장소. 글쓰기라는 시간과 장소에서 나는 내게 가장 좋은 친구가 된다. 그러니 최고의 보상은 글을 쓰는 일 그 자체일 것이다.

스스로 아낌없이 안아 주기 위해 날마다 쓴다. 의지력으로 했던 일이 습관을 향해 가고 있다. 습관이 되면 내 품도 조금 넓어지려나. 나를 안아 주던 두 팔의 너비가 당신과 미지의 세상을 품을 만큼 넉넉해지려나. 나를 안았던 팔은 내 마음에 난 창을 연다. 작은 창을 열면 나를 너머 바깥의 세상이 보이고 날마다 조금씩 다른 풍경이 내 안으로 들어온다.

그중에는 각자의 자리에서 오래도록 고요히 글을 써가는 이의 뒷모습이 있다. 커다란 보상 없이도 멈추지 않고 글을 쓰는 이들을 닮고 싶어 그들의 뒷모습에 나를 포개듯 책상에 앉는다. 앞서 걸어간 이들이 남긴 문장이라는 발자국을 좇아 보폭을 좁히거나 넓혀 보기도 하면서. 내게 온 문장과 내가 쓸 문장을, 내가 읽은 글과 쓰고 싶은 글을 글자라는 발자국으로 연결한다. 총총총, 부지런히 발자국을 찍으면 그 간격이 좁혀지려나.

매일 아침 혹은 늦은 밤 홀로 글을 쓰는 당신의 걸음도 고요히 분주할 것이다. 그런 당신의 창에 쪽지 한 장을 남겨 둔다.

"당신의 발자국은 안녕한가요."

쓰면서 사랑하게 된 날들

# 글 쓰는 당신을
# 믿어요

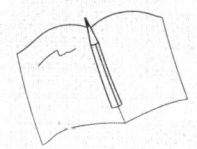

한밤중에 연필을 쥐고 있는 자신을 믿어 보기
'글 쓰는 마음'에 기대어, 꾸준히

재능이나 특별한 아이디어는 내게 없다. 그런 자신을 한탄하다 이걸 믿기로 했다. 반복과 꾸준함, 시도를 지속하기. 묵묵히 계속하는 나는 믿을 만하다. 계속하기 위해 마감을 만들고 지킨다. 더 잘 쓰려고 오늘의 글을 포기하거나 완벽해지길 바라 미루지 않는다. 하지 않을 이유와 변명을 지우고 부족한 대로 오늘의 몫을 해낸다. 반복과 꾸준함이 쌓여 내 안에 힘을 키울 거라 믿는다.

쓰기만 해서 뭐하나. 의기소침해지는 날도 많다. 여기저기 글을 쓰지만, 딱히 성과는 보이지 않아서. 그럴 때면 용기를 주는 문장을 찾아 책을 펼친다.

박연준 시인은 '쓰는 일은 과정이 곧 결과'라고 말했다. 당연하게 여기는 것에 질문하지 않고 앞만 보며 질주하는 세상에서 문학은 언제나 삶의 속도를 늦추는 브레이크 역할을 한다고. 그 브레이크는 우리들의 연필에서 시작된다고 썼다.* 그런 문장을 읽고 나면 긴 시간 들숨만으로 수면 아래 머물다 마침내 물 밖으로 날숨을 뿜어내는 고래 등의 물기둥처럼 내 안에서 경쾌한 환기가 일어난다. '쓰는 과정에서 이미 결과에 닿았구나!' 새로운 발견에 물세례라도 맞은 듯 시원해진다.

오늘 아침 쓴 A4 한 장은 잠을 줄여 고민했던 시간의 결과다. 익숙한 것을 되짚어 보며 분주히 흐르는 삶에 제동을 걸었다. 그때 놓쳤던 누군가의 마음을 헤아리고 일상의 귀여운 구석을 찾아냈다. 그러느라 내 삶의 속도는 느려지고 세계의 속도는 0.000001초 정도 더디어졌을 것이다.


혼자 쓰다 낙담하고 지칠 때는 글쓰기 수업과 모임을 활용한다. 처음도 우연한 수업으로 시작되었다. 작은 가게를 운영하며 지쳐가던 시기 근처 그림책방에서 글쓰기 수업이 있다는 소식을 듣고 등록했다. 오랜 꿈을 실현한 줄 알았는데 해소되지 않는 무언가가 남아 나를 괴롭히던 때였다. 그랬는데 글쓰기 수업을 통해 혼란한 내면을 들여다볼 수 있었다. 열 번의 '치유하는 글쓰기' 수업에서 '내 안의 OO'에 대해 썼다. 나는 무엇에 슬프고 아픈지, 기쁘고 즐거운지, 어디에 닿고 싶은지 심사숙고하는 시간을 가졌다. 그 수업을 계기로 글쓰기를 간절히

---

* 박연준, 『인생은 이상하게 흐른다』(달, 2019).

원한다는 걸, 글쓰기라는 몰입의 시간을 좋아한다는 걸 받아들였다.

그 후로 한동안은 독서와 글쓰기 관련하여 다양한 수업을 찾아 들었다. 어린아이 때문에 외출이 어렵고 가용 시간이 한정적이라 주로 온라인 수업에 참여했다. 혼자 읽기 어려운 책을 학인들과 독파했고 과제라는 명목으로 줄기차게 글을 썼다. 읽고 생각하고 쓰는 생활은 맞춤옷을 입은 듯 나를 편안하게 해 주었다. 수업에 기대어 글을 쓰는 시간이 어느 정도 흐르자 매일 쓰는 습관이 자리잡았다.

그러다 '오마이뉴스'라는 인터넷 언론 플랫폼도 알게 되었다. 이곳에서는 누구나 시민기자로 등록하여 글을 기고할 수 있다. 용기를 내 시민기자로 데뷔했다. 브런치 작가 활동도 시작했다. 동네 도서관에서 운영하는 글쓰기 수업에서는 오래 함께 쓸 동료들을 만났다. 글쓰기를 지속하게 해 줄 작은 칭찬과 숙제를 구하러 갔는데 삶을 나누고 싶은 멋진 친구들을 얻었다.

아무 일 없었던 것 같지만 돌아보면 꾸준함이 이끈 변화의 지점들이 보인다. 밤하늘의 별처럼 순간들이 돋아난다. 그림책방에서 울면서 나누었던 글, 블로그에 매일 글을 썼던 4년, 브런치 작가와 오마이뉴스 기자 데뷔, 독서 모임과 글쓰기 모임, 쓰는 사람을 꿈꾸게 해 준 작가와의 만남까지. 순간들 연결하면 '글 쓰는 마음'이라는 별자리가 만들어질까. 언젠가 신유진 작가의 수업을 들은 적이 있다. 그는 '글 쓰는 마음' 별자리에 '믿음'과 '진실'이라는 별을 심어 주었다.

아니 에르노의 작품을 번역하기도 한 신유진 작가는 에르노의 텍스트를 참고로 수업을 진행했다. 아니 에르노의 '자전적 소설'을 읽고 에르노식 글쓰기에서 얻은 힌트로 각자 글을 써 보는 수업. 아니 에르노는 '진실'을 말하기 위해 글을 썼고 글로 되살린 과거에 '진실'이 있다고 믿었다. 그는 자신의 과거를 파헤치고 드러내며 지치지 않고 글을 썼고, 그렇게 구해진 진실은 이런 걸 알려 준다. 아니 에르노라는 지극히 개인적인 삶의 이야기 안에 누구나 공감할 수 있는 보편적 서사가 깃들어 있다고.

"내 글에 대한 믿음, 읽을 만한 가치가 있다는 믿음이 없다면 여러분이 쓴 글은 공개되지 못하고 사라지고 말 거예요."라고 신유진 작가는 말했다. 글을 쓰려면 자기 글에 대한 믿음이 있어야 하고 글에 담고 싶은 진실이 무언지 알아야 한다고. 글이란 허약해서 상처받기 쉬우므로 믿음이 없다면 혼자만 보고 마는, 서랍에서 잠자는 종잇조각에 머물 거라고 했다. 내 글에 대한 믿음이 없다면, 상처투성이인 글을 타인에게 드러내는 일은 영영 불가능하다고.

'내 글을 믿는가, 글에 담고 싶은 진실이라는 게 있나?' 스스로 질문하며 글쓰기를 시작한 이유부터 더듬어 보았다. 자신에 대해 있는 그대로 이해하고 싶다는 바람으로 글쓰기는 시작되었다. 복잡미묘한 나의 감정으로 혼란을 겪었고 해소되지 않는 마음의 응어리로 답답했으니까. 그걸 풀어 보고 싶어 쓰기를 택했고 '나'라는 실마리를 잡아당겨 보았다. 그랬는데 나와 이어진 사람들의 이야기까지 풀려 나왔다. 내 안의 이야기는 늘 누군가와 엮이어 있었다. 나를 이해하려는 시도는 타인에 대해 고민하고, 나를 둘러싼 세계를 공부하는 일로 나아갔다.

그러면서 나의 부족과 불완전함을 받아들일 수 있었다. 그처럼 타인과 세계도 불완전하며 저마다의 다름을 지닌 채 공존하고 있다고. 우리는 다름으로 우리가 된다. 그렇다면 차이와 부족은 해결해야만 하는 문제일까. 누구에게나 말할 수 없는 결핍이 있고, 모두가 그걸 끌어안고 살아가는데. 바꾸고 고치려는 노력만큼 차이와 부족을 사이에 두고 조화를 이루는 법을 고민하는 것도 중요하다. 쓰기를 거듭할수록 내 안에 이런 생각이 자랐다. 불완전함과 차이를 인정하기, 거기에 너그럽고 유연하게 대응하기, 결핍을 지닌 채 아름다운 삶을 발견하기. 있는 그대로의 모습으로 나와 타인, 세계를 끌어안으며 기쁘게 공존하고 싶었다.

나의 글은 옳은 것을 주장하기보다 나와 다른 생각과 삶을 이해하려 물러서고 망설이고 주저하며 고민한다. 그러느라 흔들리고 헤맨다. 하지만 정북을 향해 미세한 떨림을 그만두지 않는 나침반처럼 방황과 혼돈이 방향을 찾기 위한 움직임이라고 믿는다. 흔들리면서 기울어지는 각도가 있을 거라고. 글쓰기의 나침반이 가리키는 방향은 배제가 아닌 포용. '괜찮다'라고 응원하고 '그럴 수 있다'라고 안아 주는 사람으로 쓴다. 각자가 지닌 다름과 부족을 인정하며 가능성을 격려한다. 내 글의 가치는 인정과 포용으로 건네는 공감과 위로 정도가 아닐까. 내가 빚어낸 공감과 위로로 누군가에게 용기의 씨앗 하나 심어 줄 수 있다면 충분할 것이다.

작은 공감과 위로라면, 용기를 내 보자는 손길이라면, 내 글을 믿어줄 수 있겠다. 누구도 배척하지 않으려 망설이고 주의하며 귀를 기울이는 태도, 그걸 나의 '진실'로 삼아 본다.

여전히 결론을 내리지 못한 채 헤매는 기분에 휩싸일 때가 많다. 하지만 쉽게 결론을 내리는 대신 흔들리는 쪽을 택한다. 결론으로 빠르게 직진하는 대신 흔들리며 써 내려가는 글로 방향을 찾는다. 그 방향으로 더디게 이어지는 글자에 삶의 걸음을 포갠다. 글이 모여 삶이 되면 삶도 움직일 것이다. 글자가 적히는 만큼 기울어지고 있다고 믿으면서 '글 쓰는 마음'에 꾸준함을 쌓는다. 재능 없는 내가 이러고 있으니 당신도 할 수 있어요, 반복이 당신의 힘을 만들 거예요, 이런 말을 전해 누군가를 응원하고 싶어 계속 쓴다.

쓰는 일은 과정이 결과라고 했던 박연준 시인은 이렇게 말을 이어간다. 당신이 만약 한밤중에 깨어 연필을 쥐고 있는 사람이라면, 자신을 믿어 보면 좋겠다고. 자신이 얼마나 시간을 느리게 할 수 있는지, 그리하여 삶의 결을 얼마나 꼼꼼히 그리고 만져 볼 수 있게 만드는지, 자신을 믿어 보라고 권한다. 그 말을 기억하며 모두가 잠든 새벽에 연필을 쥐고 흰 종이를 펼친다. 글로 시간을 더디게 하고, 삶의 결을 살핀다. '글 쓰는 마음'에 기대 나를 믿을 수 있다. 더 자유롭고 홀가분하게 나를 풀어 보고 싶다.

신유진 작가가 새로이 번역한 책이 출간되었다. 출간 기념 북토크에서 사연을 모집하는 행사가 있어 글을 적어 보냈다. 혹시나 했는데 사연이 당첨되어 내 글을 작가가 직접 낭독해 주는 영광을 얻었다. 낭독을 마친 작가가 말했다.
"너무 좋네요. 계속 써 주세요. 책이 나오길 기다릴게요."

쓰면서 사랑하게 된 날들

# 팬이
# 되었어요

날마다의 반복으로 얻는 용기 한 뼘

구두에 창을 덧대려 수선집에 갔다. 수선을 요청하고 건너편에 앉으니 일하는 아저씨가 한눈에 들어오는데 아저씨의 구두가 눈길을 사로잡는다. 수수한 옷차림과 달리 검은 구두만은 영롱하게 빛난다. 아저씨의 자부심 같다. 남들은 모르더라도 나만은 중요하게 챙기는 게 있지. 하고 안 하고의 차이를 나만은 잘 알아서 갖춰야만 기분이 좋고 든든해지는 일. 나를 돌보아 가치를 부여하고 그로써 힘을 북돋는 일. 아저씨에겐 그게 구두인가 보다. 자신의 구두를 깨끗하게 닦으며 시작하는 하루. 하루치의 성실과 무사를 기원하는 마음이 구두에 담겼을 것이다.

스스로 품위를 지키고 자신을 존중하는 마음이 자존감이다. 내게 중요한 무언가를 놓치지 않고 챙기면서 나를 존중해 줄 수 있다. 자신을 돌보고 하는 일에 가치를 두어 자존감을 키운다. 내겐 매일 새벽 나를 위해 마련하는 혼자만의 시간과 아침마다 쓰는 일기가 그렇다. 혼자 읽어 나가는 책과 스스로 만든 마감을 지키며 자존감을 챙긴다. 아무도 그 계획의 존재를 모르고 지키지 않는다고 뭐라 할 사람도 없다. 그런데도 늦잠 잔 날은 숙제를 못다 한 아이처럼 못마땅해지고 반대로 오늘 분량의 글을 마친 날은 오늘치 몫을 완수한 듯 편안해진다. 자신과의 약속을 지키면 삶에 굳건히 설 수 있다.

구두 수선하는 아저씨의 손을 유심히 바라본다. 구두 바닥을 정리해 접착제를 바르고 새로 붙일 밑창을 적당한 크기로 자르고. 접착제 마르는 사이 구두 가죽의 벗겨진 부분을 다듬어 약을 칠한다. 과정은 질서정연하고 손끝은 꼼꼼하다. 15분이면 끝날 줄 알았던 수선이 40분 넘게 이어진다. 수선을 마친 구두는 말쑥하고 발을 넣으니 두툼해진 바닥에서 안정감이 느껴진다. 누군가의 성실함으로 내 걸음에 힘이 실린다.

2년째 글쓰기 모임을 이어가고 있다. 멤버들이 돌아가며 주제를 선정하고 모임 전 미리 글을 써 카페에 공유한다. 모임에서는 써 온 글을 낭독하고 서로 의견을 나눈다. 이런 방식을 '합평'이라 부르지만, 우리 모임에 평가는 없다. 타인의 글을 유심히 듣고 공감하고 칭찬하느라 바쁠 뿐. 모임에서는 매번 웃음꽃이 만발한다. 위로와 격려를 잔뜩 받고 집으로 돌아오는 길 마음은 말갛게 개어 있고. 내 글에 관심과 애정을 보여 주는 친구들이 있어 다음엔 더 잘 써 가야겠다는 생각이 절로 든다.

글이 쌓이면서 서로에 대해 더 알게 된다. 누군가를 알아가는 기쁨과 즐거움을 새롭게 경험한다. 멤버들은 자발적으로 모임을 지속할 만큼 글쓰기에 애정과 열정이 있는 사람들, 자신의 마음을 돌아보며 주위를 세심하게 살피는 이들이다. 모임마다 간식을 챙기고 서로의 일상에도 관심을 기울이는 다정한 사람들. 만남이 거듭되고 서로를 알아갈수록 어디서 이렇게 좋은 사람들만 모였는지 놀랍다. 곰곰 생각해 보아도 답은 하나. 글 쓰는 사람들이라서.

글쓰기는 자신이 지나온 자리를 복기하게 한다. 투박하고 엉성하게 그린 삶의 밑그림을 진득하게 들여다보고 여러 번 덧그리는 일이다. 글을 쓰다 보면 쉽게 지나칠 일도 잠시 멈춰 바라보게 되고 사소한 말과 행동에도 시선을 보내게 된다. 희미하게 남은 마음의 자욱을 지우지 못해 그걸 더듬다 타인의 입장까지 헤아려 보게 되는 일. 글을 쓰고 다듬는 일은 마음의 윤곽을 선명하게 하는 일. 그러느라 사는 일에도 정성을 들이게 되고. 그걸 반복하는 이들이라 멤버들에게 믿음이 간다.


모임에서 가장 어린 친구는 스물두 살의 하루 님(모임에서는 닉네임을 사용한다). 그가 마음이 가라앉아 우울했던 날에 대해 써 온 적이 있다. 과제와 시험으로 정신없이 1년을 보냈는데 어느 날 가슴이 휑한 느낌이 들었다고 했다. "음악을 듣고 길을 걸었다, 내면을 향하는 길이었다"라고 그녀는 썼다. 하루 님은 선우정아의 〈도망가자〉, 아이유의 〈Love poem〉을 들으며 멜로디와 가사에 녹아들어 눈앞의 강물에 시선을 포갰다. 혼란한 감정을 무시하지 않고 이유를 곱씹어 보았다.

"노래 가사를 한 줄씩 되뇌다 문득 그런 생각이 들었다. 어쩌면 그동안 뱉어내지 못하고 참기만 했던 감정들이 오히려 공허함의 형태로 나를 찾아왔던 건 아닐까. 무언가 비어 있는 듯한 느낌과 답답함이 동시에 느껴졌던 건 그래서였을까."
- 하루

글의 마지막까지 쓸쓸한 기운이 맴돌았지만, 하루 님이 자신의 감정을 돌보고 있어 다행스러웠다. 방법을 찾는 중일 거라고, 자신만이 발견할 수 있는 마음의 길을 다지고 있을 거라고 생각했다. 낯선 감정을 글로 적으려면 마음속 무수한 길 중 익숙한 것 대신 피하고 외면했던 길로 걸음을 내디뎌야 한다. 용기를 내어 자신을 마주해야 한다. 그런 용기를 낼 수 있다면 어둡고 외진 길에서도 자신만이 아는 무언가를 발견할 수 있다. 하루 님이라면, 가만히 쥐고 있고 싶은 작고 예쁜 돌멩이(그녀의 취미는 원석 수집이다)를 주웠을 것 같다.

"어쩌면 이런 마음이 허영심에서 비롯된 것은 아닐까, 상대방에게 물질 공세를 하면서 우월감과 만족감을 얻는 사람이 있다던데 그게 나인가 싶었다. 아니다. 달라도 한참 달랐다. 정말 이상한 일이지. 선물을 건넬 때 내 표정과 감정이 어땠는지는 기억나지 않지만, 그 얼굴들만큼은 또렷하게 기억나는 게. 인류애? 세계평화? 이상하게 잊을 수 없는 얼굴을 보고 싶어 하는 마음이 도대체 어디에서 오는지 궁금하던 차에 이런 글을 만났다."
-단풍

같은 날 단풍 님이 써 온 글이다. 단풍 님은 도서관 수업이 끝난 후 우리 모임을 동아리로 등록해 지원금까지 받게 해 준 열성과 추진력의 주인공. 다른 이의 글에 가장 크게 반응하고 글마다 타인에 대한 배려가 묻어나 다정과 이타심이 천성인 사람이라 생각했다. 지난 모임에 단풍 님이 차를 우려 와 모두 감동하며 달게 마셨는데 그 일을 회상한 글에서 단풍 님의 또 다른 면모를 볼 수 있었다. 쾌활하고 씩씩한 사람이라고 여겼는데 차를 준비하며 걱정하고 망설였다니. 차를 내어 주는 순간 부끄러워 등줄기로 땀이 흘렀다니. 그 고백에 달의 뒷면처럼 쉽사리 볼 수 없는 단풍 님의 뒷면을 엿본 기분이었다.

글을 쓰며 두 사람은 마음의 흐릿한 윤곽을 따라가 보았을 것이다. 마음이 여러 개의 면과 색을 가진 복잡한 도형이라면 '우울'이나 '기쁨'이라는 면에 하나의 선분을 그었겠지. 감정과 마음은 알려고 하면 할수록 복잡하고 어렵다. 그런데도 글로 옮길 수 있다면, 종이 위로 마음의 길을 풀어내 나만이 아는 지도를 그릴 수 있다면 길을 잃지는 않을 것이다. 낯선 길을 찾아 더듬으며 없던 길을 만들고 버려진 길을 가꾸면서. 어둡고 어수선한 마음에 조그만 빛 드리우고 힘닿는 데까지 쓸고 닦으면서. 마음의 지도에 위로와 격려, 용기라는 길을 새길 수 있다.

글 쓰는 일은 마음의 윤곽을 또렷하게 하는 일이다. 문제가 해결되거나 답을 찾지 못하더라도 혼란한 마음을 있는 그대로 인정해 줄 수 있어 글로 적는 사이 마음은 평온을 되찾는다. 그랬던 경험이 나를 자꾸 쓰게 한다. 감정이 복잡할 때, 타인의 마음을 이해할 수 없을 때, 그 시작점과 끝점을 찾기 위해 글로 지도를 그린다. 길이 잘 보이지 않아 헤매기 일쑤지만 선을 이어 보려 집중하는 사이 조금 선명해진다. 쓰는 동안 내게 귀를 기울이고 관심을 보내기 때문일까. 쓰기의 위로로 마음은 맑아진다.

—

혼자 쓰는 일에 힘이 빠지고 계속 써야 할 이유가 희미했던 2년 전 여름, 도서관에서 출간 작가가 진행하는 글쓰기 수업 공고를 보았다. '나를 치유하는 에세이' 수업. 내 글에 대한 타인의 반응이 고팠고 강제로라도 글쓰기를 지속하고 싶어 큰 기대 없이 등록했다. 그랬던 마음은 수업이 거듭되면서 바뀌어 갔다.

  수업에는 이십 대에서 사십 대까지 다양한 나이의 사람들이 모였다. 같은 주제를 두고도 고민의 지점, 생각을 풀어내는 방식이 달랐다. 글의 분위기, 문체, 스타일에서 저마다의 개성이 보였다. 특히 이십 대 친구들의 고민과 이야기가 신선했다. 재치와 생기가 가득했다. 주변의 사소한 경험과 에피소드, 거기서 길어 올린 단상들 ─ 길에서 만난 노인, 식당에서의 경험, 여행의 장면, 엄마와의 대화 ─, 깊이 없어 보일까 봐 무의식적으로 피했던 소재가 그들의 글에서 잔잔한 재미와 감동으로 되살아났다. 작을수록, 사소할수록 이야기는 더 특별해졌다.

  수업에서 내가 얻은 것은 기대 이상으로 많았다. 혼자라면 쓰지 않았을 주제로 글을 써 볼 수 있었고 글에 대한 타인의 피드백을 받고 작가의 첨삭으로 퇴고의 방향을 익혔다. 혼자 쓰며 글이 좋은지 나쁜지 알 수 없어 답답했는데. 글에 대한 반응을 구할 수 없어 기운이 빠질 때도 많았는데. 수업에서는 누군가 내 글에 의견을 주는 것만으로 글의 존재 의미가 탄생했다. 잘 써서가 아니라 쓰기 위해 들인 노력으로 인정받을 수 있었다. 사람들이 건네주는 의견과 소소한 반응이 글에 들인 노력이 헛되지 않다는 귀한 신호로 다가왔다.

  그때 '단풍' 님이 적극적으로 내 글에 애정을 표현해 주었다. 매번 '시그니처 문장'을 찾았다며 좋은 문장을 꼽아 주었다. 진심이 묻어나는 그의 칭찬이 얼마나 고마웠는지 모른다. 내 글을 세심히 읽어 주는 이가 있으니 다음 수업이 기다려졌고. 좋은 글이라고 확신할 수 없더라도 어딘가에 누군가의 시선이 머물 문장이 있을지 모른다는 기대로 글 쓰는 시간이 즐거워졌다.

"팬이 되었어요."

"언젠가 북 토크에서 바람(나의 닉네임) 님의 목소리로 이야기를 듣고 싶어요."

이런 가슴 떨리는 고백도 들었다. 글을 쓸 때는 나의 숨은 진심에 닿아 즐거웠는데, 그랬던 글로 누군가의 가슴을 두드릴 수도 있다니. 모두에게 닿길 바라지 않는다면 내 글도 괜찮을지 모른다. 글을 읽어 줄 단 한 사람만 있다면, 계속 쓸 수 있겠다고 생각했다.

"사람들에게 나의 글이란, 그들이 접하는 수많은 텍스트 중 하나일 뿐이다. 물론 누군가의 시선은 내 문장에 더 오래 머물러 준다. 답장을 보내 주기도 한다. 그럼 그 사람 앞에서 나는 이미 부끄러워할 필요가 없는 사람이다. 그는 오히려 내게 글을 계속 써도 된다는 용기를 주는 사람이다."

오지윤, 『작고 기특한 불행』(알에이치코리아, 2022), 74쪽.

내 글에 밑줄 그어 주는 사람, 쓰라고 용기를 건네는 사람을 만났다. 그 앞에서 나는 부끄러워할 필요가 없는 사람이다. 그러니 조금 더 나를 믿어 봐야지. 부족하더라도 용기 내어 계속 써야지. 그러다 보면 나의 문장도 누군가에게 닿아 용기를 건네게 될까. 백지 앞에 머뭇거리는 당신을 떠올리며 이 문장에 용기를 담아 보낸다. 당신에게 용기라는 손을 내밀고 싶다.

나도 내 앞에서 손을 내밀어 준 문장과 글을 따라 여기까지 왔다. 누군가의 이야기에 감응하고 공명하면서 나의 초라한 이야기도 꺼낼 수 있었다. 그러니 당신도 나의 이야기에 자신의 조각을 덧대어 보길 바란다. 그걸 누군가에게 건네주면 좋겠다. 문장과 문장, 글과 글이라는 보이지 않는 발자국의 연결로 어떤 세상은 열리고 서서히 움직일 테니까.

'글친구들'과의 모임이 2주년을 향해 간다. 멤버들 모두가 오마이뉴스 시민기자로 데뷔했고, 최은경 편집기자를 초대해 수업을 했다. 도서관 지원금으로 오지윤 작가와 김연덕 시인을 초청해 만났다. 글은 혼자 써야 하지만 결코 혼자서만은 쓸 수 없다. 어딘가 내 글을 읽어 줄 단 한 사람이 있을 거라는 믿음으로, 그를 찾아 글은 나아간다. 함께이지 않은 순간에도 나는 누군가를 떠올리며 글을 쓴다. 글은 '나'에서 시작되지만 '우리'를 향해 열린다.

쓰면서 사랑하게 된 날들

# 내 글도
# 그랬으면 좋겠다

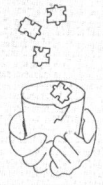

결핍을 품은 일상과 내 안의 목소리

"자신이 중요하다고 생각해요?"

사울 레이터가 영화감독에게 묻는다. "전혀요."라는 감독의 답에 동의하듯 그는 말이 없다. 사진가 사울 레이터의 삶을 담은 다큐 영화 <사울 레이터 : In No Great Hurry>*의 한 장면이다.

그는 60여 년간 평범한 일상을 찍었다. 자신이 살았던 뉴욕의 로어 이스트사이드 빌리지 주변을 벗어나지 않았다. 그의 사진에 담긴 1950년대 뉴욕의 풍경과 삶은 지금 보아도 감각적이다. 여전히 호기심과 향수를 불러일으키는 힘이 있다. 하지

---

* <사울 레이터 : In No Great Hurry>, 토마스 리치 감독, 사울 레이터 출연, 2021년 개봉.

만 1980년대에 들어서야 그의 이름은 알려졌고, 내내 '은둔의 사진가'라는 별칭으로 불렸다. 그는 영화에서 이렇게 말한다.

"인생 대부분을 드러내지 않은 채 지냈어요. 그래도 늘 만족했죠. 드러나지 않는 것은 커다란 특권이거든요." **

성공하는 삶보다 자신이 아끼고, 나를 아껴 주는 사람과 즐거움을 나누는 삶이 더 좋다는 사울 레이터. 내가 바라는 삶도 비슷하다. 성취를 향해 맹목적으로 달리는 삶보다 내면의 소리를 들으며 즐겁고 자유롭게 사는 삶. 쓰고 싶은 글을 쓰고 그림과 영화를 보고 음악을 감상하면서, 그러다 때로 여행을 떠나는 정도면 좋겠다. 적은 수의 사람들과 깊고 진한 애정을 나누고 싶다. 성공을 위해 소중한 이와의 시간을 포기하거나, 타인의 기준에 맞추려 나를 길들이고 싶지 않다.

"사람들이 중요하다고 생각하는 것 중에 중요하지 않은 게 많고 사람들이 걱정하는 것 중엔 걱정할 필요가 없는 게 많아요. …… 아름다움을 찾는 게 중요해요. 세상의 근사한 것들에서 즐거움을 느끼는 거요. 변명하지 말고 당당하게 즐겨야 합니다." ***

** 위의 영화.
*** 위의 영화.

아름다운 삶을 꿈꾼다. 일상에서 예술 가까이 머물며 아름다움을 찾는다. 그 아름다움이란 시간을 견뎌 숭고와 위엄을 갖춘 것, 영혼 깊은 곳을 두드려 울림을 만들고, 슬픔과 고통까지 위로하며 쓰다듬는 것이다. 그 세계는 효용과 쓸모를 너머 본질적인 가치로 우리를 이끌고, 공감과 감응으로 나와 타자의 경계를 허물어 준다. 예술과 미(美)는 살면서 추구해야 할 가치를 돌아보고, 영혼의 고양감을 얻게 해 준다. 살아 있음에 대한 경이와 감사를 회복하여 삶의 의미를 헤아리도록 우리를 격려해 준다. 사울 레이터의 말처럼 삶에서 아름다움을 찾으며 삶이 빚어낸 근사함을 알아채고 즐겨야 한다.

물건이 빼곡히 쌓인 방 여든이 넘은 사울 레이터가 화면에 등장한다. 모든 걸 꿰뚫고 있는 건 유쾌하지 않고 적당히 모르는 게 즐거운(pleasant confusion) 거라 말하며 가볍게 웃는다. 내 사진은 대단한 게 아니라며 그저 "왼쪽 귀를 간지럽히는" 정도라고. 그는 마지막까지 별 볼 일 없는 사람으로 남길 바랐다. 소년처럼 웃으며 전하는 거장의 말이 내가 듣고 싶었던 말이라 기억에 꾹꾹 눌러 적는다.

내 글도 그랬으면 좋겠다. 모두가 좋은 글이라고 인정하는 글이 아니라 그저 누군가의 왼쪽 옆구리를 살짝 간지럽혀 주는 글이었으면. 누군가에게 한번 써 볼까 하는 기분이 들게 하는 글이면 좋겠다. 높은 기대를 버리고 좋아하는 마음을 좇아 근사한 걸 하기(Doing something good). 그저 열심히 하기. 사울 레이터가 강조하는 태도가 내가 지녀 왔던 마음과 유사해 반가웠다. 60여 년을 한 분야에서 일한 대가도 그런 마음으로 살았다니, 든든하다.

오늘도 운동장을 다섯 바퀴 달리고 책상 앞에 앉아 글을 쓴다. 좋아하는 일에 오롯이 빠져들면 더이상 나라는 존재는 중요하지 않다. 나를 바라봐 주길 바라지 않고 내가 좋아하는 대상과 세계를 바라볼 수 있다. 그렇게 나를 제외한 세계로 시선이 옮아간다. 자신을 빼고 일상의 풍경을 담은 사울 레이터의 사진처럼 내 글에도 타인의 삶이 조금씩 들어온다.

사울 레이터와 유사한 면에서 고레에다 히로카즈 감독을 좋아한다. 그의 영화에는 약점을 극복해 가족과 세계를 구하는 영웅은 등장하지 않는다. 대신 타인 때문에 상처를 받고도 금세 다른 사람을 찾아 나서는 나약한 인간들이 있다. 우리가 사는 동네에서 길을 걷다 마주칠 법한 구질구질한 세계가 스크린 위로 펼쳐지는데 뜻밖의 장면에서 코끝이 찡해지고 불현듯 찬란함에 가슴이 벅차오른다. 그건 감독인 그가 이런 생각을 지니고 있기 때문일 것이다. 결핍은 결점이 아니라 가능성이라고. 세계는 불완전한 그대로, 불완전하기 때문에 풍요롭다고 여기기 때문일 것이다.

그는 삶 주변의 흔한 장면을 섬세히 들여다보고 쉽게 버려지는 구석에 초점을 맞춘다. 실질적으로 도움이 되지 않으면 외면하는 세상에서 "쓸데없는 것도 필요하다"라며 무시당하는 가치를 되살린다. 그의 영화 <바닷마을 다이어리>에는 오래된 목조 주택에서 살아가는 세 자매가 등장한다. 춥고 관리하기 어려운 집을 떠나 이사를 하라고 엄마는 부추기지만, 자매들은 가족의 추억이 담겨 있어 낡은 집을 아낀다.

그들은 어린 시절 자신들을 버리고 떠난 아버지의 장례식장에서 난생처음 이복동생을 만나지만 망설임 없이 그를 데려와 함께 살며 보살핀다. 새롭게 구성된 가족, 그로 인해 어쩔 수 없이 균열과 생채기가 발생하지만 영화는 부산 떨며 가족의 의미를 찾으려 애쓰지 않는다. 일상에서 시간으로 엮어가는 가족의 의미와 미세하게 바뀌는 인물들의 마음의 결을 보여 줄 뿐. 영화는 사회적 시선이나 당위를 떠나 개개인들이 소중하다고 믿는 가치를 묵묵히 조명한다.

<진짜로 일어날지도 몰라 기적>은 남편과 같이 보고 많이 좋아했던 영화다. 영화에 등장하는 사람들은 특별하지 않고 어리숙하지만, 모두가 저마다의 모습으로 사랑스러워 보는 내내 기분이 좋았다. 영화는 등장인물들 각자가 가슴에 크고 작은 소망을 품고 살아가는 하루하루가 기적이라고 말한다. 감독은 한 인터뷰에서 세 살인 딸이 열 살이 되었을 때 보여 주고 싶다고 생각하며 영화를 만들었다고 했다. 세계는 풍요롭고, 일상은 있는 그대로 아름다우며, 생명은 그 자체로 '기적'이라고, 딸에

게 말을 걸 듯 만들었다는 그의 말에 이 영화가 더 좋아졌다.

영화를 만드는 감독만이 아니라 더 나은 세상을 꿈꾸는 사회 구성원 모두가 이런 생각을 가지면 어떨까. 불완전한 채로 세계는 풍요롭고, 일상은 아름다우며, 생명은 모두 '기적'이라고. 나도 딸에게 그런 메시지를 전해 주고 싶어 글을 쓴다. 각양각색의 존재들이 살아가는 지금, 이토록 사소한 오늘 하루가 기적이라고. 그러기 위해 일상의 소소한 장면을 응시하고 가까이에서 벌어지는 놀라움과 애틋함을 글로 채집한다.

고레에다 히로카즈 감독은 삶이 나로 완결되지 않는다고 말했다. 일상을 글로 적으면 삶이 나로만 이루어지지 않는다는 게 선명하게 보인다. 혼자 있는 시간이 많아 세상에서 외떨어져 있다는 느낌을 자주 받지만 돌아보면 무수한 순간 누군가의 삶에 닿았다는 걸 알게 되기 때문이다. 길을 걸으며 사람들을 스치고, 마트와 서점, 병원과 도서관에서 누군가와 말을 주고받는다. 놀이터와 공원에서는 같은 공간, 일정한 시간을 어떤 사람들과 나란히 머문다. 그 모든 사람들의 하루가 동시다발적으로 그려지면서 세계라는 커다란 그림이 채워진다.

삶이란 각자의 하루라는 조각들이 모여 탄생하는 거대한 콜라주 같다. 각자의 하루가 경계를 맞대고 때로는 겹치며 점처럼 찍혀 삶이라는 그림을 완성한다. 거기에 나도 점 같은 조각을 날마다 보태고 있겠지. 글을 쓰면서 나의 삶이 무언가와 끝없이 연결되어 어딘가로 이어지고 펼쳐진다는 걸 배운다. 그리고 뜻밖의 장소와 순간에도 삶은 언제나 아름다움을 준비해 둔다는 걸 찾아낸다.

어제도 길을 걸으며 하루치의 아름다움을 발견했다. 우리 집 근처 공원 앞에는 비가 오나 눈이 오나 같은 자리를 지키는 뻥튀기 아저씨가 계신다. 날마다 아저씨의 트럭이 그 자리에 세워져 있는 걸 보며 한 사람의 한결같은 꿋꿋함을 떠올린다. 나이 지긋한 할머니 한 분이 작은 보따리에 쌀을 담아와 아저씨에게 건네는 것도 보았다. 트럭에는 이미 튀겨진 뻥튀기가 가득이고 사람들은 대체로 그걸 사 가는데, 요즘도 쌀을 직접 가져와 튀겨 가는 이가 있구나. 드물게 보는 장면에 나도 모르게 가슴에 온기가 스며들었다. 딸아이와 그 곁을 지나 걸음을 옮기는데 얼마 후 등 뒤에서 '뻥-' 하는 기계음이 들렸고 머릿속에서 하얀 튀밥이 흘러넘치는 장면이 그려졌다. 그때 눈앞에는 어제 내려 쌓인 눈이 소복하게 희었다. 찬거리를 사러 들른 야채 가게에서는 주인 아주머니가 무를 사려는 할머니에게 길이 미끄럽다며 날이 풀리면 가져가시라고 다정하게 만류하는 목소리를 들었다. 우리는 서로를 잘 몰라도 서로의 안녕을 걱정한다는 사실에 뭉클했다. 그런 일 앞에서 나는 슬며시 웃음을 짓는다. 이 모두가 삶이 보여 주는 아름다움이라는 선물이라고 여기기 때문이다.

글로 적지 않으면 순간은 쉬이 사라지고 하루는 의미 없이 흘러가는 듯 보인다. 섬광처럼 지나치는 장면들에서 반짝임을 낚으려면 시간을 들여 음미해야 한다. 아무것도 아닌 것 같았던 일도 글로 쓰다 보면 나만의 의미가 길어 올려지고 순간엔 알 수 없던 무언가가 그 이면에서 떠오르기 때문이다. 그런 일을 반복하다 보면 구질구질하고 쓸모없어 보였던 삶의 면면들이 새삼스레 소중해지고, 그러면 순간에 더 마음을 기울이고 싶어진다. 삶의 보잘것없는 순간들을 사랑하게 된다.

시간을 들이는 일은 사랑하기의 다른 이름이다. 무언가를 사랑하기 위해 시간을 들여 글로 적는다. 나와 내 삶, 미웠던 모든 것을 내내 글로 쓰다 그 모두를 사랑하게 된 것처럼. 글로 옮기는 일은 무언가를 공들여 사랑하는 방법이다. 삶과 세상을 더 사랑하기 위해, 불완전하고 결핍투성이인 그 안에서 아름다움을 찾으려 일상을 쓴다.

"이런저런 말들에 휘둘리지 말고 깊이 대신 목소리를 찾을 것. 당장 최고가 되려 말고 지금 최선을 다할 것. 그렇게 버티는 시간은 조금 오래 걸릴지 모른다. 그러나 창작하는 사람은 누구나 그런 지난한 시간을 지나며 단단해지고 다듬어진다. 나다운 걸 찾아낸다. 날카롭고 유려하게 벼려서 단 하나의 점을 꿰뚫을 순 없겠지만. 뭐랄까, 내가 아니면 만들 수 없는 좀 이상하고 아름다운 그런 어떤 걸. 그리하여 끝내는 당신만이 만들 수 있다."
고수리, 『미음 쓰는 밤』(미디어창비, 2022), 42쪽.

지난한 시간을 지나 단단해지고 다듬어지는, 나다움을 찾기. 그런 시간을 보내고 있다. 이런저런 말들에 휘둘리지 말고 내 목소리를 찾으려 집중하면서. 나를 멈춰 세우고 뒤돌아보게 만드는 장면을 수집하며 나다움을 채운다. 내게 말을 건네는 장면을 반복하여 적으며 내 안의 목소리에 다가간다. 삶의 근사한 구석을 찾아내는 자기만의 목소리에 귀를 기울여 보자.

당신이 좋아하는 일은 무엇인가요. 당신의 시선이 멈추는 곳은 어디인가요. 남들의 말을 좇는 대신 내면의 목소리가 이끄는 방향을 더 깊이 들여다보면 좋겠다. 거기서 각자의 이야기는 탄생할 것이다. 불완전한 대로 풍요롭고 아름다운 이야기, 결핍이 지닌 가능성의 노래가. 세상이라는 거대한 콜라주에 덧붙일 당신만의 조각이 당신 안에서 만들어지고 있다.

# 찾아서 사랑하기 전 뒷글

아이와 내 영혼 레시피

초판발행 2024년 6월 30일

지은이 홍주리님
펴낸이 강찬용
펴낸곳 르비엠

주소 03128 / 서울시 종로구 대학로3길 29, 신림 4층(명지동, 종로정원100주년기념관)
전 화 (02) 741-4381 / 팩스 741-7886
영 업 부 (031) 944-4340 / 팩스 944-2623
홈페이지 www.pckbook.co.kr / www.rebibim.com
인스타그램 the_soul_after_the_rain
등 록 No. 1-84(1951. 8. 3.)

책임편집 강찬진                    기획 김효진
편집 오현희 김효진 박지애         디자인 박정용 윤혜원
표지디자인 남수정                  마케팅 박용구 이동욱 강성원 이상지
경영지원 바호아 서상열

ISBN 978-89-398-8502-8(03810)
값 16,700원

ⓒ 강찬진, 르비엠 2024

이 출판물은 저작권법에 의해 보호를 받는 저작물이므로 무단전재와 무단복제를 할 수 없습니다.

표지 사용하지 말것